Volvamos
A LA FUENTE

Gerardo De Ávila

La misión de Editorial Vida es ser la compañía líder en comunicación cristiana que satisfaga las necesidades de las personas, con recursos cuyo contenido glorifique a Jesucristo y promueva principios bíblicos.

VOLVAMOS A LA FUENTE
Edición en español publicada por
Editorial Vida – 2007
Miami, Florida

©2007 por Gerardo de Ávila

Diseño interior: *Grupo Nivel Uno, Inc.*
Diseño de cubierta: *Pixelium Digital Imaging, Inc.*

RESERVADOS TODOS LOS DERECHOS. A MENOS QUE SE INDIQUE LO CONTRARIO, EL TEXTO BÍBLICO SE TOMÓ DE LA SANTA BIBLIA NUEVA VERSIÓN INTERNACIONAL. © 1999 POR LA SOCIEDAD BÍBLICA INTERNACIONAL.

ISBN: 978-0-8297-3431-7

CATEGORÍA: *Vida cristiana* / General

Contenido

Introducción 5

Capítulo Uno: Arbitrariedad del cristianismo 9

Capítulo Dos: La fe una vez dada a los santos 15

Capítulo Tres: Sin Nuevo Testamento no hay cristianismo 23

Capítulo Cuatro: Error metodológico 31

Capítulo Cinco: Veinte siglos de tradición y deformación de la fe. 33

Capítulo Seis: Corrección del error metodológico 83

Capítulo Siete: Tres teologías en conflicto 97

Capítulo Ocho: Áreas que deben ser revisadas 109

Capítulo Nueve: Obstáculos para llevar a cabo la revisión de estas áreas 199

Capítulo Diez: Única esperanza. 201

Conclusión 202

Notas 203

Introducción

El autor tuvo el privilegio de estudiar, en la Universidad del Estado de Nueva York, historia de la esclavitud de la raza negra con un profesor miembro de esa raza, el Dr. Okoye, de Enugu, Nigeria. Hombre de extraordinaria erudición. Capaz de llenar un pizarrón con precisos datos históricos sin un papel en sus manos.

Cuando le hablé al Dr. Okoye de la fe cristiana me dijo que no podía ser cristiano, porque los cristianos los habían esclavizado. Traté de que mi querido profesor hiciera el deslinde entre los que se llaman cristianos y el cristianismo como sistema pero, a pesar de su sobresaliente educación, no lo conseguí.

Este hombre, de gran calibre intelectual, no podía hacer tal deslinde. Me dijo: Los que nos esclavizaron se llamaban cristianos, por lo tanto el cristianismo nos esclavizó.

El Dr. Okoye, a quien recuerdo con admiración, no está solo en esa situación. La fe cristiana ha sido distorsionada de tal modo que para muchos es difícil, si no imposible, hacer la distinción.

A través de la historia el mensaje de Cristo ha sido condicionado, manipulado, utilizado para legitimar causas contrarias al corazón del Salvador y convertido en punta de lanza de conquistadores, políticos inmorales, dictadores, fanáticos religiosos e intereses creados. El Señor ha sido institucionalizado de tal manera que ha perdido su frescura y poder redentor. Su palabra es utilizada para el enriquecimiento ilícito de hombres sin escrúpulos que se valen de la ingenuidad religiosa de los de simple mentalidad; así como para esclavizar las conciencias débiles y desarrollar culpa neurótica en aquellos que ignoran la verdadera enseñanza del Maestro. También se usa para bendecir a terratenientes y dictadores. El cristianismo ha sido utilizado como escudo de armas de gobiernos e imperios. España mandó sus barcos al nuevo mundo (que era nuevo solo para los españoles) cargados de espadas, ladrones, violadores y cruces. La monarquía inglesa reina «por la gracia de Dios». En la moneda de los Estados Unidos está impreso «In God We Trust»[1]. Los mandatarios de América Latina, con la excepción de uno, asisten a templos llamados cristianos donde reciben la bendición de prelados que pretenden representar a Dios. Al mundo occidental se le llama «civilización cristiana», sin ser ninguna de las dos cosas. Sin embargo, en todas estas latitudes donde se llama a Cristo Señor, quien verdaderamente reina es la pobreza, la opresión, el racismo, la explotación, la mala distribución de las riquezas, el crimen y toda clase de aberración moral. Cristo es un prisionero de sus propios seguidores; o mejor dicho de los que reclaman serlo. Cristo es, además, un instrumento de los que no creen en él; pero a quienes conviene utilizarlo para sus propios fines. Para la gran tarea de redimir al mundo, lo primero que hay que hacer es redimir al Redentor.

El autor no tiene el honor de haber egresado de una prestigiosa facultad europea de teología, ni de lo que llaman en Estados Unidos seminarios acreditados. No ha tenido el privilegio de sentarse a los pies de los modernos Gamaliels. Su educación, aunque incluye estudios universitarios, es principalmente autodidáctica; fruto de sus circunstancias, lecturas y reflexiones. Tampoco reclama

Introducción

ser un iluminado o profeta de los últimos días, ni haber tenido una revelación especial de parte de Dios. No es alguien que está tratando de reinventar la rueda. No tiene en su haber la experiencia de un largo ayuno en un lugar apartado o en una montaña solitaria donde tuvo visiones de la condición del mundo, de la iglesia, o del futuro. En su estimación, todo lo que Dios iba a revelar con un fin normativo o doctrinal ya lo reveló y está contenido en las Sagradas Escrituras. Al alcance de cualquier persona.

El que escribe se considera un simple estudiante de la Biblia, quien encuentra una gran laguna entre la fe del Nuevo Testamento y la que es proclamada desde muchas tribunas, y hace una invitación a ir a las fuentes originales que contienen «la fe una vez dada a los santos».

Este libro se publica con la esperanza de que estimule a la aceptación de esa invitación, para que los que aman el evangelio se dediquen a una seria reflexión en busca de su verdadero significado, el que tenía cuando salió del corazón de Dios. Lo que era antes que las tradiciones, las instituciones y la soberbia del hombre lo deformaran.

Este es un llamado a despojarnos de todos los condicionantes que, de forma lamentable, han afectado a la fe cristiana y, en la forma más objetiva posible, escuchar a Dios.

Sometido al pueblo del Señor, sin la soberbia de las bulas ni la superstición de los oráculos de Delfos.

Gerardo De Ávila
Miami, Florida

Capítulo Uno

Arbitrariedad del Cristianismo

Toda disciplina académica, de las humanidades o de las ciencias. Cada escuela de pensamiento. Todo sistema humano, parte de premisas que no puede demostrar. El punto de partida siempre es arbitrario. Principios que no pueden ser probados tienen que ser aceptados para probar lo que de otra manera no podría ser probado.

Aun en la que algunos consideran la reina de las ciencias, las matemáticas, supuestamente la más exacta de todas las ciencias exactas, se parte de lo que no puede ser probado: axiomas.

A ningún matemático se le ocurriría pedirle a Euclides que probara que la suma de los ángulos de un triángulo es 180, o cuestionar el sistema de Gauss porque en este la suma es menos de 180, o el de Riemann en el que es más de 180. Tampoco se pensaría que estos sistemas se contradicen. Cada sistema es válido dentro de sus propios parámetros.

En sociología se dice que todo es aprendido. Sin embargo, no he oído a ningún sociólogo explicar de quién aprendió el primero.

Este principio, incontrovertible en el mundo de la ciencia, o cualquiera otra área del saber humano es, sin embargo, negado por algunos a la fe cristiana. Esto hace que algunos cristianos se crean obligados a probar los artículos (axiomas) de su fe y se sientan acorralados porque no pueden hacerlo.

Cuando la soberbia de la falsamente llamada ciencia[1] se conjuga con la ignorancia de algunos cristianos, hace que estos se sientan indefensos. La realidad es que no hay razón para que el cristiano se sienta en desventaja frente a la ciencia, pues toda verdad científica es una verdad divina.[2]

Hay quienes se dejan intimidar por los que les exigen, por ejemplo, que demuestren a Dios. De lo que no se dan cuenta estos cristianos es que ellos no tienen que probar a Dios,[3] punto de partida de su fe; como un matemático no tiene que probar los axiomas, punto de partida de su ciencia. Y esto es, sencillamente, porque ninguno de los dos puede hacerlo. A lo que ambos están obligados, en el rigor de la exigencia científica, es a demostrar que el sistema, en su aplicación, funciona; y esto los cristianos si conocen su fe pueden hacerlo, como también puede el matemático si conoce su ciencia.

La fe cristiana, como cualquiera otra escuela de pensamiento, es arbitraria en su punto de partida. El fundamento de sus artículos de fe: Dios, no puede ser probado. Como tampoco pueden ser probados los axiomas matemáticos. Fe, en el cristianismo, equivale a axiomas en las matemáticas.

Esto no significa que el cristiano, con cierta educación, no pueda filosofar, argumentar y entrar en especulaciones. Si quiere hacerlo la teología natural le ofrece las herramientas. Herramientas que fueron usadas por los apologistas clásicos y son utilizadas por los que en la actualidad defienden a la fe cristiana en la arena de la academia.⁴ Pero aquellos, como estos, solo pueden probar en un nivel teórico. La prueba de laboratorio de la fe cristiana solo puede llevarse a cabo en el corazón humano. En el acto de fe. Pero esta prueba es solo para consumo personal. En el nivel general solo se puede demostrar la racionalidad del cristianismo.

Arbitrario, desde luego, pero no en su significación de caprichoso, sino en el sentido de aquello que no puede ser probado. La filosofía ha dicho que para probar lo que puede ser probado tiene que aceptarse lo que no puede ser probado. Para poder probar, el hombre de ciencia tiene que aceptar lo que no puede probar.

El autor arbitrariamente, no puede ser de otra manera, toma como base de la fe cristiana el Nuevo Testamento. En la forma final que le dio el Tercer Concilio de Cartago en 397 d.C. Este Concilio, al establecer el canon del Nuevo Testamento decide que: «Aparte de las Escrituras canónicas nada puede ser leído bajo el nombre de Divinas Escrituras... del Nuevo Testamento: de los Evangelios, cuatro libros; de los Hechos de los Apóstoles, un libro; epístolas de Pablo el apóstol, trece; de él mismo a los Hebreos, una; de Pedro el apóstol, dos; de Juan, tres; de Santiago una, de Judas una, el Apocalipsis de Juan, un libro».

Es sabido que para este tiempo la iglesia había producido bastante literatura. Pablo escribió más epístolas que las que aparecen en el Nuevo Testamento. Por ejemplo, sabemos que él escribió una carta a la iglesia de Laodicea de la que no tenemos copia.⁵ Se escribieron más de cuatro evangelios. Los primeros siglos de la vida de la iglesia tuvieron un carácter apocalíptico, así que fueron muchos los Apocalipsis que produjo.

La decisión del Concilio de Cartago fue la conclusión de un largo período de selección. Cuando originalmente los documentos fueron escritos, la iglesia no los recibió como Divina Escritura. Cuando la iglesia en Corinto, por ejemplo, recibió la primera carta de Pablo, el que la leyó a la comunidad cristiana no dijo como se dice hoy: Estemos de pie para leer la Palabra de Dios. La persona que leyó la carta se limitó a decir que leería una carta que había mandado Pablo. Aunque Pablo había fundado esta iglesia, en la misma se había desarrollado una facción que no miraba bien al apóstol. Lo tenían como poco «carismático». Parece que a esta posición de algunos corintios obedecen las palabras del apóstol: «Hablo en lenguas más que todos vosotros».[6] Probablemente este grupo oyó la lectura de la carta con reservas y quizá con resistencia; como ideas simplemente de Pablo, sin alguna autoridad divina. El apóstol tiene que insistir en el hecho de que lo que él escribe son «mandamientos del Señor».[7] El segmento de la iglesia que veía a Pablo como vocero de Dios seguro que escuchó la lectura del documento con actitud más positiva, pero aun este grupo no debe haber visto en la carta la Palabra de Dios. En la fecha de la carta todavía ese concepto no se había desarrollado en la iglesia.

Lo que hoy llamamos Nuevo Testamento fue sometido a una larga lucha donde distintas persuasiones teológicas, elementos culturales, intereses creados, tendencias políticas, éticas y sociales, representaron un papel importante. Recordemos que para la fecha en que se establece el canon la iglesia no tiene la homogeneidad que tenía la primera iglesia. La iglesia ya no es una comunidad judía en Jerusalén. Ahora la iglesia es una comunidad donde varias vertientes de fondo religioso y cultural muy disímil convergen.

¿Cómo resuelve el autor, para su satisfacción espiritual e intelectual, el innegable hecho histórico de la selección de los documentos que fueron aceptados y de los que fueron excluidos? Con otro acto arbitrario, como son todas las posiciones de fe: El proceso fue puramente humano; el resultado final voluntad divina. Todo lo que Dios tuvo intención de que llegara a mis manos llegó, a pesar del proceso. Lo que se desvió no fue la circunstancia histórica la que lo desvió, sino el consejo de Dios. Lo que se desvió no estuvo en la intención del Altísimo para mí. Esta posición es consistente con la fe en la soberanía de Dios. A mi fe le es inconcebible que Dios, Soberano, Todopoderoso, quisiera que algo llegara a mis manos y el hombre lo impidiera.

De la misma manera el autor resuelve el innegable problema de las lagunas en los manuscritos más autorizados, así como las interpolaciones que algunos documentos tienen. ¿Arbitrario? ¡Claro que sí! Ya lo he dicho. Pero no con jactancia o en forma desafiante, sino como la humilde aceptación de una realidad histórica que no deja otra alternativa. El caso es creer o no creer.

Cuando nos acercamos a la Biblia, con honestidad intelectual, no tenemos otra alternativa que enfrentarnos a estos problemas de la transmisión de las Sagradas Escrituras. La fe no tiene ni que negar ni que manipular la historia. La fe cree.

Es la posición de quien escribe que a partir de Cartago se cierra la dación de la fe. Ningún otro concilio o institución humana podrá hablar con autoridad divina; en lo que se refiere a nuevo material en el nivel conceptual o normativo de la fe. Dios seguiría hablando en el orden personal o comunitario para alentar, alertar, iluminar o dirigir, pero no para agregar doctrinas a la revelación ya escrita. A partir de Cartago, Dios dejó de hablar en lo que a los parámetros de la fe se refiere.

Algo interesante con relación a la decisión de Cartago es el hecho de que desde entonces la iglesia, en todas sus expresiones, ha aceptado como inspirados por Dios los documentos que componen el Nuevo Testamento, definidos en este Concilio, como Divina Escritura, con aisladas excepciones.

Capítulo Dos

La fe una vez dada a los santos

«Amados, por la gran solicitud que tenía de escribiros acerca de nuestra común salvación, me ha sido necesario escribiros exhortándoos que contendáis ardientemente por la fe que ha sido una vez dada a los santos».[1]

La parte clave de este versículo es «una vez». Lógicamente, una vez no niega muchas veces, pues una está contenida en cualquier número mayor que ella. Para negar la posibilidad de más de una, en la frase «una vez», tiene que agregarse la palabra «sola». Para que se lea «una sola vez». Ese es el sentido de «hápax» que se traduce por «una vez» en la epístola de Judas. La idea es la de aquello que no se repite, que ocurre una vez nada más. Los siguientes pasajes ilustran el uso de esta palabra:

«De otra manera le hubiera sido necesario padecer muchas veces desde el principio del mundo; pero ahora, en la consumación de los siglos, se presentó [hápax] *una vez para siempre* por el sacrificio de sí mismo para quitar de en medio el pecado. Y de la manera que está establecido para los hombres que mueran [hápax] *una sola vez*, y después de esto el juicio, así también Cristo fue ofrecido [hápax] *una sola vez*».

«Porque también Cristo padeció [hápax] *una sola vez* por los pecados, el justo por los injustos, para llevarnos a Dios, siendo a la verdad muerto en la carne, pero vivificado en espíritu».[2]

«De otra manera cesarían de ofrecerse, pues los que tributan este culto, limpios [hápax] *una vez*, no tendrían ya más conciencia de pecado».[3]

Los primeros dos pasajes tratan de la muerte expiatoria de Cristo que, según los documentos del Nuevo Testamento, es un hecho que no se repite. La muerte no se enseñoreará más de él. El último pasaje habla de la necesidad de repetición de los sacrificios levíticos, debido a que los que los ofrecían no podían ser limpiados (hápax) de una vez para siempre. Esa fuerza de hecho único, completo, es la que tiene la palabra «hápax» en el versículo de la epístola de Judas, que la Biblia de Jerusalén traduce: «Queridos, tenía yo mucho empeño de escribiros acerca de nuestra común salvación y me he visto en la necesidad de hacerlo para exhortaros a combatir por la fe que ha sido trasmitida a los santos [hápax] *de una vez para siempre*» (énfasis mío).

Según Judas, la fe se da en un momento histórico concreto y final. A partir de ahí no se le agrega nada. Desde luego, aquí tenemos que ver la presciencia de Dios en la inspiración de este versículo. Desde un punto de vista estrictamente exegético no se podría decir que Judas pudiera referirse conscientemente a la totalidad de la revelación cristiana, o sea, al canon del Nuevo Testamento, por no ser él el último que escribe. Lo que él dice, sin embargo, anticipa el canon, cuando la revelación quedaría cerrada para siempre. A partir de este punto nada con valor normativo sería revelado. La parte conceptual de la fe quedaría cerrada de una vez para siempre (hápax). De ahí en adelante Dios solo hablaría, fuera de la Biblia, para consolar, amonestar, exhortar, alertar o dirigir particularmente a individuos o a la comunidad de fe, pero nunca para revelar algo nuevo en el sentido doctrinal. Con relación a la doctrina Dios iluminaría, pero no revelaría. La revelación está completa en la Biblia. Esa es la fuerza filológica que tiene en Judas la frase una vez (hápax), que tan poco se respeta en la teología, tanto católica como protestante. Hablar ex cátedra no es patrimonio exclusivo del Papa.

Los cultos y doctrinas de error, así como algunas novedades que han surgido en la iglesia de los últimos años, tienen como denominador común la pretensión de revelaciones especiales de parte de Dios. Pero el axioma de la fe bíblica es «a la ley y al testimonio».[4]

Todo lo normativo está revelado y escrito. Todo lo que una persona necesita saber para agradar a Dios está escrito en la Biblia. La Biblia contiene todos los elementos de juicio necesarios para determinar lo que es pecado y lo que no lo es. La ética cristiana está expresada con transparencia en la Biblia. El cristiano no necesita una experiencia especial para una vida piadosa. La parte conceptual de la piedad está expresada categóricamente en las Sagradas Escrituras. El misticismo que ignora la Biblia yerra.

Nada en la iglesia puede supeditar la Biblia. Dios no utilizará a nadie para hablar con más autoridad que la Biblia en cuestiones de fe y conducta. La Biblia juzga todas las cosas, ella no puede ser juzgada por nadie. Esto es lo que da estabilidad a la doctrina de la iglesia. Pero, lamentablemente, en la actualidad sufrimos a una estirpe de pretendidos voceros de Dios que reclama haber tenido revelaciones especiales de parte del Altísimo. Parece que Dios, como en los comerciales, tiene una versión mejorada del evangelio para nuestros tiempos.

Estas pretendidas revelaciones son las que producen al hombre que lo que dice hoy puede que lo contradiga mañana. Una vez alguien dijo que el televisor era la caja del diablo. Después este hombre descubrió que la televisión era un instrumento para predicar el evangelio. Cuando este hombre, enardecidamente, con la reclamación de estar bajo la unción del Espíritu Santo, decía que el televisor era la caja del diablo, ¿estaba hablando Dios? ¿Se equivocó Dios? ¿Se dio cuenta el Todopoderoso que la televisión, después de todo, podría ser útil en su obra?

Sería bueno saber si se ha indemnizado a la pobre gente que de buena fe llevó sus televisores para ser destruidos en las reuniones celebradas por el evangelista que decía que el televisor era la caja del diablo.

En materia de fe lo que no se equivoca es la Biblia. Más de uno ha profetizado el día del regreso de Cristo para luego retractarse o acomodar sus palabras.

Cuando la doctrina que se enseña está basada en la Palabra de Dios nunca hay que hacer correcciones. La enseñanza podrá no ser espectacular o sensacionalista. Desde un punto de vista de mercadeo podrá no tener atractivo y por lo tanto no producir dinero,[5] pero resistirá la prueba de los años y siempre responderá a la necesidad del alma.

Gracias al Señor, él, en su amor, no dejará a sus hijos a merced del tiempo «... cuando no sufrirán la sana doctrina, sino que teniendo comezón de oír, se amontonarán maestros conforme a sus propias concupiscencias, y apartarán de la verdad el oído y se volverán a las fábulas ... hombres corruptos de entendimiento y privados de la verdad, que tienen la piedad por granjería [por negocio]: apártate de los tales».⁶

Tengo un amigo que representa otra posición con relación a la Biblia. Cuando le hablé de estudiar la Biblia en forma seria, me respondió: «¿Y qué dice el Espíritu?» Esta es la actitud del que trata de espiritualizar la fe al punto de que parecería que el Espíritu de Dios pudiera decir algo contrario o diferente a lo que él inspiró que fuera escrito. Esta gente da poca importancia al estudio exegético de la revelación escrita. Sin embargo, no hay nada más espiritual que la Biblia. Las Sagradas Escrituras son literalmente el aliento de Dios. Ese es el rigor del vocablo inspirada en la frase «toda la Escritura es inspirada por Dios».⁷ Por lo tanto no hay nada más inspirado que la Biblia. No hay nada más seguro en materia de fe cristiana que la Biblia. La dramática corrupción de la fe y el culto de la iglesia es el resultado de los cristianos haber dado la espalda a la Biblia. Hoy interesa más la última revelación que alguien reclama haber tenido, que el estudio responsable de la Palabra de Dios. Católicos y protestantes han dado las espaldas a la Palabra de Dios.

La posición católica es que Dios habla en la Biblia, pero ha seguido hablando a través de los padres y obispos de la iglesia.

En la década de los sesenta participé con un pastor metodista, un sacerdote y un laico católicos, en unos programas de televisión de un canal de la ciudad de Nueva York. Los programas eran auspiciados por la Arquidiócesis Católica de Nueva York para discutir el control de la natalidad. Tema candente a la sazón.

En el primer programa establecí mi posición. El asunto no se trataría desde el punto de vista legal, médico o ético, sino desde la perspectiva cristiana. Por lo tanto, yo opinaba que lo primero que se tenía que decidir era la fuente de autoridad de la fe. En mi criterio la fuente de autoridad era la Biblia. A esta posición el sacerdote respondió que la Biblia y los padres y obispos de la iglesia.

Insistí en que solo la Biblia era la fuente. Solo la Escritura. Esa fue mi sentencia para que me excluyeran de futuros programas.

Esa noche se grabaron dos programas. Al pasar los días y no recibir aviso de la fecha de las siguientes grabaciones me comunique con el pastor metodista, quien era mi enlace con la Arquidiócesis. Le pregunté si no grabaríamos más programas. Él me dijo que seguían grabando, pero que a mí no me invitarían más. La razón para no volver a invitarme, según él me informó, fue que en la Arquidiócesis me consideraban un pentecostal recalcitrante. Esa es una opinión que habría hecho reír a algunos de mis amigos pentecostales.

En el lado protestante no tienen la posición formal de los teólogos católicos, pero en algunos grupos se reclaman experiencias con Dios a las que implícitamente dan la misma fuerza compulsiva de la Biblia y en algunos casos, en la práctica, le atribuyen más autoridad que a la Biblia. Yo he sido testigo de eso muchas veces. En los choques de la Biblia con las normas impuestas por los hombres, la Biblia siempre pierde. Lo irónico es que los que imponen estas normas reclaman estar inspirados por el mismo Espíritu que inspiró la Biblia. Si esto fuera verdad, el diagnóstico que la psicología clínica haría del Espíritu Santo sería grave. Su condición, desde la perspectiva de salud mental, lo descalificaría como persona divina. Aun como humano su condición sería patológica.

Nadie puede hablar de fe cristiana si lo que dice no puede documentarlo con el Nuevo Testamento. No importa que tan «carismáticamente» lo diga, aunque lo crea «con todo el corazón» o con parte de él. Y, si puede documentarlo con el Nuevo Testamento, no son necesarias las muletillas de pretendidas experiencias sobrenaturales. Aunque reconozco la fuerza que, desde el punto de vista de mercadeo, tiene la reclamación de un fenómeno de esa naturaleza.

Es triste la condición a la que han llegado algunos círculos cristianos en los que una labor hermenéutica seria y piadosa no tiene valor, pero sí las reclamaciones sensacionalistas que impresionan a los de mente simple. El sensacionalismo y las revelaciones espectaculares tienen gran atractivo para los que tienen en poca estima el estudio responsable de la Palabra de Dios.

Estas «revelaciones» resuelven un gran problema a los vagos intelectuales: Tienen algo que decir a la gente sin el trabajo del estudio y la reflexión. Lo triste es que un dramático porcentaje de personas responde mejor al sensacionalismo que al serio trabajo hermenéutico de un pastor responsable.

La fe cristiana, sin embargo, no está a merced de lo que alguien siente, sueña, ve, cree o experimenta. Dios, en su infinita misericordia, ha provisto el Nuevo Testamento para los que con seriedad quieren desarrollar una fe cristiana adulta. Sin andar detrás de todo nuevo viento de doctrina, como los que persiguen el arco iris.

Capítulo Tres

Sin nuevo testamento no hay cristianismo

La única base para la fe cristiana es el Nuevo Testamento. Fuera de sus documentos, la historia del primer siglo guarda silencio acerca de la existencia del cristianismo.

La única fuente histórica de la base ideológica de este nuevo movimiento del siglo primero, se encuentra en el Nuevo Testamento. Esa es una de las dificultades con que se encuentra el historiador que quiere saber del Cristo histórico en otras fuentes. La historia se niega a hablar, fuera del Nuevo Testamento, en cuanto a las bases de la fe cristiana.

La historia contemporánea varias décadas posteriores a los acontecimientos de la vida y muerte de Cristo guarda silencio con relación al drama que cambió el curso de la historia de la humanidad. Esto tiene su explicación. En el orden natural, el nacimiento, vida y muerte de Cristo, fueron los de un humilde judío del siglo primero sin trascendencia social, política o económica. Eso explica que estos acontecimientos no aparezcan en las crónicas de su tiempo que eran reservadas para personas consideradas importantes. Este es un fenómeno difícil de entender para los que viven en el siglo veintiuno, quienes tienen un Cristo idealizado por más de dos mil años de tradición cristiana. Pero ese es el Cristo real del siglo primero.

Solo hay, en documentos históricos antiguos, con excepción de las menciones en el Talmud, cuatro referencias de la existencia del cristianismo, y dos de ellas no son confiables según la opinión de los críticos de la historia. Todas estas referencias son posteriores a la fecha en que fue escrito el último documento que aparece en el Nuevo Testamento. A continuación las cito en el orden cronológico en que se escribieron.

«Por aquel tiempo existió un hombre sabio, llamado Jesús, si es lícito llamarlo hombre, porque realizó grandes milagros y fue maestro de aquellos hombres que aceptaban con placer la verdad. Atrajo a muchos judíos y muchos gentiles. Era el Cristo. Delatado por los principales de los judíos, Pilato lo condenó a la crucifixión. Aquellos que antes lo habían amado no dejaron de hacerlo, porque se les apareció al tercer día resucitado; los profetas habían anunciado este y mil otros hechos maravillosos acerca de él. Desde entonces hasta la actualidad existe la agrupación de los cristianos».[1]

Si tenemos en cuenta quién era Josefo, de inmediato dudamos que haya sido él quien escribió tales palabras. Este hombre era un judío que coqueteaba con judíos y con romanos, un malabarista que quería jugar en los dos equipos. Es inconcebible que una persona de esas condiciones hable en forma tan laudable de alguien a quien los judíos acusaron y los romanos condenaron; principalmente si consideramos lo que la vindicación de Cristo representaría para los intereses, principalmente, de los primeros. Algunos opinan que fue un cristiano el que interpoló estas palabras acerca del Señor.

«En días determinados se reunían antes de la salida del sol y cantaban juntos himnos a Cristo como a su Dios».[2]

La cita de Plinio sí goza, hasta donde mi información llega, de la aceptación de historiadores serios. Pero, como puede observarse, la información que ofrece es muy breve.

«Y así Nerón, para divertir esta voz y descargarse, dio por culpados de él, y comenzó a castigar con exquisitos géneros de tormentos, a unos hombres aborrecidos del vulgo por sus excesos, llamados comúnmente cristianos. El autor de este nombre fue Cristo, el cual, imperando Tiberio, había sido ajusticiado por orden de Poncio Pilato, procurador de Judea».[3]

Tácito es la otra fuente cuya autenticidad no se discute. No hay razones para dudar que él haya escrito esas palabras.

«Hizo expulsar de Roma a los judíos, que, excitados por un tal Cresto, provocaban turbulencia».[4]

Con Suetonio la situación es distinta a la de Tácito. Hay dos opiniones con relación a lo que él dice. Una estima que él copió de Tácito; en ese caso no es evidencia adicional. La otra opinión está contenida en la cita que a continuación hago de la nota que agrega Editorial Iberia a las palabras de Suetonio, en su edición de *Los Doce Césares* que forma parte de la colección Obras Maestras, de donde está tomada la cita de Suetonio que estoy usando: «Antiguamente se aplicaban fácilmente a Cristo las palabras Impulsore Chresto. Aquí se trata, sin embargo, de un griego que se había hecho judío y excitaba disturbios en Roma, ya que los romanos ignoraron durante mucho tiempo la diferencia que existía entre judíos y cristianos».[5]

Las fuentes históricas citadas solo prueban que Jesús existió, pero no contienen su mensaje y dan muy poca información acerca de la conducta de sus seguidores. El Nuevo Testamento es la única fuente que nos informa sobre la vida y enseñanza de Jesús.

Sean estos documentos la revelación de Dios, o fruto de la fértil imaginación oriental. Constituyan un fraude, o la honesta, pero equivocada versión que nos da un grupo de hombres sencillos de lo que ocurrió. Ya sea en la realidad objetiva o en la experiencia subjetiva de ellos. Tenemos que ir a esos documentos si queremos saber lo que es cristianismo.

Independiente a un juicio de valores, sin Nuevo Testamento no hay cristianismo. Pero esto no es particular a la fe cristiana. Ocurre lo mismo con cualquier religión, sistema político o filosófico. Para conocerlos uno tiene que ir a sus fuentes originales.

Por ejemplo, para saber de la religión musulmana se tiene que ir al Corán. Sin Corán no hay Islam. No se puede consultar a líderes moderados o radicales. De izquierda, de derecha o de centro. Para saber en que consiste esa religión tenemos que ir al Corán. Alá solo habla en el Corán, a través de Mahoma.

Que sea el Corán una estupidez, que tenga valor solo desde un punto de vista antropológico, o que sea la única forma en que la divinidad ha hablado, con la consecuencia lógica de que, aparte del Islam, todas las demás religiones están equivocadas, incluyendo la cristiana, es irrelevante. «Alá es Dios y Mahoma su profeta» es definitivo y categórico en la religión musulmana. Su negación se considera blasfemia y se paga con la muerte.

Por su parte los judíos, en el Shema, tienen el equivalente de la afirmación musulmana. El axioma central de la fe de Israel es: «Oye, Israel: Jehová nuestro Dios, Jehová uno es».[6]

En la fe cristiana la misma idea está expresada por su fundador de la siguiente manera: «Si no creéis que yo soy, en vuestros pecados moriréis».[7]

Si la religión musulmana, la judía o la cristiana son malas, buenas o regulares, es sin consecuencias en lo que a origen o naturaleza se refiere. Si queremos conocer la fe musulmana, independiente al valor que esta pueda o no tener, tenemos que estudiar el Corán. Si queremos conocer la fe de Israel tenemos que ir a la ley y a los profetas. Si queremos conocer la fe cristiana, independiente a un juicio de valores, tenemos que estudiar el Nuevo Testamento.

Si nos ponemos a estudiar el Talmud ya no estamos estudiando lo que Dios dice a Israel, sino las interpretaciones rabínicas. Son conocidas las diferentes escuelas que han existido dentro del judaísmo. Con relación al divorcio, por ejemplo, Hillel pensaba una cosa y Shammai otra.

Si consultamos a los Ayatolahs no encontramos a un Islam coherente. Mahoma no dice lo mismo en la boca de todos ellos.

Si vamos a Calvino, Lutero, Orígenes, Armiño u otro pensador cristiano no estamos estudiando cristianismo puro, sino la opinión de los teólogos. Es bien sabido que Calvino y Armiño tenían opiniones diametralmente opuestas con relación a la predestinación.

Esto ocurre con cualquier religión o sistema filosófico o político. El marxismo se encuentra en los escritos de Marx, no en las interpretaciones de sus seguidores. El marxismo de Mao es distinto al de Tito.

Este hecho, tan elemental, se desconoce cuando se habla de la fe cristiana. Diferentes grupos de cristianos tienen como punto de partida fuentes posteriores al Nuevo Testamento. Todas las denominaciones que el autor conoce tienen como origen fenómenos posteriores al Nuevo Testamento.

Se tiene que insistir en que, independiente a un juicio de valores, sin Nuevo Testamento no hay cristianismo. Sus documentos constituyen la única base de la fe cristiana. Sin ellos esta fe sucumbe.

Esto se lo planteé a uno de mis profesores de sociología en la Universidad de Nueva York de la manera siguiente: «Mi fe está puesta en el Nuevo Testamento, y si esos documentos son falsos yo estoy perdido».

Claro, para mi consumo particular mi fe es que esos documentos son la verdad de Dios y por lo tanto, yo no estoy perdido. Pero mi profesor no tenía que creerlo. Para mi salvación, yo era el que tenía que creerlo.

Algunos dirán que yo estoy equivocado, que la fe no se pone en los documentos, sino en la persona de Cristo, pero en mi caso yo conocí a Cristo a través de esos documentos. La conclusión lógica es obvia: Si los documentos son falsos, el Cristo del que ellos hablan no puede ser real. ¿Cómo puedo creer en un Cristo que no es real? Los documentos vienen primero que el Cristo del que ellos hablan.

Yo no tengo el privilegio de algunos, que parece que han tenido una revelación especial de Dios. Yo no tuve la experiencia de Pablo en el camino a Damasco. O de los que reclaman haber sido salvados porque Dios en persona se les reveló. Yo conocí a Cristo a través de hombres mortales que predicaban la palabra de Dios, recibida no directamente sino a través de la Biblia. Gracias a Dios por los hombres que él usó para alcanzarme y enseñarme los primeros pasos de la fe, quienes no padecían el complejo de gurú.

En este punto, para mí fundamental, es en el que yo hago tienda aparte de otros cristianos que parten de tradiciones posteriores al Nuevo Testamento. Yo respeto y aprecio la labor de hombres y mujeres que han hecho significativas contribuciones al pensamiento de la iglesia, pero no los tomo como punto de partida para mi posición teológica. Para mí la fuente es la Biblia.

Es refrescante la pregunta que hizo Jerry Vines, ex presidente de la Convención Bautista del Sur y copastor de la Primera Iglesia Bautista de Jacksonville, Florida: «¿Son ustedes calvinistas, son ustedes arminianistas?», preguntó Vines hace dos años en el Seminario Teológico del Sureste, en West Forest, North Carolina, «si ustedes son cualquiera de las dos cosas, ustedes son humanistas religiosos, porque esa es una teología centrada en el hombre. Me importa muy poco lo que Calvino creía y me importa muy poco lo que Arminio creía. Yo quiero saber lo que la palabra revelada de Dios tiene que decir».[8]

Desde luego, la aceptación del Nuevo Testamento como única autoridad de la fe cristiana no prohíbe el uso de otras fuentes para el estudio de la fe. Todo lo contrario, para poder interpretar correctamente el mensaje cristiano, contenido en el Nuevo Testamento, es imprescindible conocer el mundo que le sirve de matriz y el mundo al que se le quiere comunicar. Pero estos recursos de investigación no son la base de la fe, sino herramientas que ayudan a su comprensión. Estos son medios que facilitan la reconstrucción del *ethos* en que la fe se da y así poder aislar lo esencial de lo circunstancial.

Pero el cristianismo solo puede validarse con la única fuente de autoridad que tiene la fe cristiana: El Nuevo Testamento. Por eso es tan fácil criticar lo que yo enseño. Yo no utilizo fuentes que no estén al alcance de cualquier persona. Mi enseñanza no reclama experiencias especiales ni una línea de comunicación privada con Dios. Todos tenemos acceso a la Biblia.

La gran tragedia consiste en que, en una sociedad tan secularizada como la nuestra, algunos líderes cristianos sucumben a la necesidad psicológica de demostrar que son intelectuales, que están al día. Citar los evangelios o las cartas de Pablo u otro apóstol, a menos que sea de las versiones «demitologizadas»[9] o de las «contextualizadas»[10] no tiene peso y los «reduce» a simples predicadores, a anacronismos religiosos en una generación adulterina y pecadora. Citar el Nuevo Testamento como Palabra de Dios, sin excusarse por hacerlo, tiene un precio que, en un mundo que desconoce a Dios, hay personas que no están dispuestas a pagarlo.

Cuando el Vaticano ordenó al primer obispo puertorriqueño, se celebraba la ocasión en una iglesia de San Juan, supuestamente protestante, en la que me encontraba como predicador visitante. El boletín del domingo decía que oraran para que el querido obispo tuviera un largo y fructífero ministerio. A la sazón yo residía en Puerto Rico y cuando en una reunión de pastores critiqué el artículo, la reacción de un pastor de una denominación de las que llaman históricas (lo que sea que esto signifique) y que después dejó de ser pastor, fue:

—De Ávila, tú estás atrasado.

A esto le respondí que él tenía razón pues mi crítica estaba basada en el Nuevo Testamento y que, aunque yo no tenía mucha escuela, entendía que este se había escrito hacía casi dos mil años. Le dije:

—Estás en lo cierto, yo tengo un atraso de veinte siglos.

Hace unos veinticinco años asistí a una convención en la ciudad de Cincinnati. Se me había pedido que hablara acerca de la liberación del hombre hispano, desde el punto de vista cristiano. La exposición, por lo tanto, estuvo basada en el Nuevo Testamento. En la discusión que siguió a la presentación de la tesis, un joven ministro, miembro de la denominación que me había invitado, dijo que el exponente (refiriéndose a mí) había sido muy simplista y empezó a citar a autores no bíblicos. Mi respuesta fue que se me había pedido que hablara desde la perspectiva cristiana; por lo tanto, la invitación había limitado la fuente de autoridad al Nuevo Testamento. Por supuesto, cualquiera podría haber citado las fuentes que él citó, para eso están las bibliotecas. No había misterio en ello, su información no se la había dado un marciano u otro ser extraterrestre, ni hacía falta un cerebro especial. La ausencia en mi presentación de nombres que estaban en boga a la sazón, frustró al joven «intelectual». Pero si lo hubiese complacido, la validación de la tesis no habría sido cristiana. Sin Nuevo Testamento no hay cristianismo.

Otros líderes no tienen complejo de intelectuales sino de oráculos divinos. Quizá este último complejo es peor porque tiene la pretensión de ser una intervención divina. Solo la ignorancia bíblica hace posible que estos autonombrados voceros de Dios tengan tanta audiencia.

Capítulo Cuatro

Error metodológico peregrinar del siglo XXI al siglo I

La ausencia de la Biblia y el uso de otras fuentes que la sustituyen, en la teología y prácticas de grandes segmentos de la iglesia que reclama ser cristiana obedece, en mi opinión, al hecho de que en la interpretación y comunicación del evangelio se comete un grave error metodológico.

Ninguna de las organizaciones eclesiásticas actuales que se llaman cristianas, lo sean o no, tiene raíces institucionales en el siglo primero. Lo único que puede reclamar cualquiera de ellas es continuidad ideológica, doctrinal. Por lo tanto, lo que le da validez a cualquiera de estas entidades es su correspondencia con el Nuevo Testamento, fuente de «la fe una vez dada a los santos».

El Nuevo Testamento, fuente de la fe cristiana, se produce en el siglo primero. Nosotros nos encontramos en el siglo veintiuno. El error de método consiste en peregrinar, para llegar a la fuente de la fe, del siglo veintiuno al siglo primero a través de dos mil años de tradiciones que las instituciones religiosas han producido.

¿Qué sucede cuando finalmente llegamos al Nuevo Testamento? Que esos documentos ya no dicen lo que salió de la boca de Dios, sino lo que dicen las modificaciones que veinte siglos de tradición han producido. Ya no habla Dios, ahora habla la «iglesia» a través de sus dogmas. No como cuerpo de Cristo sino como maquinaria eclesiástica. Si hablara como cuerpo de Cristo articularía la voluntad del Señor, no la de los señores de la organización humana.

Cada vez que el dogma de la iglesia choca con la palabra del que la compró con su sangre, el dogma gana. Mientras escribo este párrafo se está llevando a cabo un proceso judicial en Puerto Rico que es ejemplo fehaciente de este trágico fenómeno. Una denominación, de las que reclaman estar «llenas del Espíritu Santo», está tratando de desalojar a un pastor y a la congregación del edificio donde adoran al Señor. ¿Por qué esta «santa» organización está haciendo esto? ¿Tiene este pastor amantes en la congregación? ¿Se usan drogas psicodélicas en sus cultos, que derivan en orgías? ¿Han dedicado un santuario a la virgen de la Caridad del Cobre, debido a la influencia de cubanos en la congregación? ¿Ha sido construido el templo con dinero de la denominación? La respuesta a todas estas preguntas es un rotundo NO. Sencillamente, la Palabra de Dios y el dogma humano han chocado. En organizaciones como esas usted puede desobedecer la Biblia, pero no se meta con el dogma humano porque se está jugando la vida. No olvide, esa gente es de «sana doctrina» y está «llena del Espíritu Santo».

Durante los últimos dos milenios de historia la soberbia del hombre, los intereses creados, las costumbres, la economía, la política, las variantes culturales, las experiencias personales y los conflictos emocionales de líderes religiosos, así como los intereses particulares de las denominaciones que reclaman ser cristianas, han contribuido a la deformación de la fe una vez dada a los santos.

Capítulo Cinco

Veinte siglos de tradición y deformación de la fe

Se dice que cuando Rafael pintaba los frescos del Vaticano dos cardenales se pararon a observar y a criticar la obra del pintor. Uno de ellos le dijo a Rafael que la cara del apóstol Pablo estaba muy roja. El artista contestó que Pablo se había sonrojado por ver en qué manos había caído la iglesia. ¡Que apropiado para nuestros tiempos! Tanto para católicos como para protestantes.

A continuación voy a enumerar algunas de las deformaciones que ha sufrido la fe una vez dada a los santos que Judas nos manda a defender. No tengo la pretensión de ser exhaustivo. Esto es solo una muestra.

1. **La Palabra de Dios suprimida por intereses denominacionales.**
   Un caso que sirve de ejemplo a este conflicto de intereses es mi libro *El Purgatorio Protestante*. Cuando a un líder denominacional

se le dijo que la posición del libro era bíblica, su respuesta fue: «sí, pero no está de acuerdo con nuestras normas». El libro fue suspendido por la editorial que hizo la primera edición, así como la versión en portugués, esta antes de publicarse a pesar de estar terminada la traducción.

El libro fue prohibido, en forma inquisitorial, por las quejas de algunos líderes de la denominación dueña de la editorial. Estos líderes no estaban de acuerdo con la posición del libro, pero ninguno podía dar una base bíblica para su desacuerdo. Es irónico porque ellos reclaman estar «llenos del Espíritu Santo», quien según la Biblia guiaría a toda verdad.[1] Le pedí al jefe de la editorial y a ejecutivos de la denominación que me dieran la base bíblica para la cancelación del contrato, pero nunca me dieron una razón bíblica que respaldara tal decisión; sencillamente porque no existe. Las respuestas que recibí fueron evasivas. Me comuniqué[2] varias veces con el ejecutivo que actuó como censor[3] de la denominación dando la orden de supresión del libro, quien tampoco pudo rebatir la posición bíblica del mismo, dando solo una respuesta diplomática como la de los jefes de los gobiernos de este mundo. Esta fue una decisión puramente económica, como las de la General Motors; política como las de la Casa Blanca. Con razón hoy se les llaman estadistas a los que dirigen denominaciones.

Cuando la decisión es económica o política, a Dios se le manda a guardar silencio. Sencillamente la posición bíblica chocó con los intereses de la denominación y como generalmente sucede en estos casos Dios perdió en el choque. Para vergüenza de los cristianos, cuando Dios y Mammon chocan el último siempre sale ganando.

La pregunta relevante no fue cristiana sino logística, aritmética, ¿cuántos miembros van a perder? ¿Qué clase de miembros son? ¿Quiénes se están quejando, pastores con influencia o desconocidos, pastores de congregaciones numerosas, autosuficientes, que contribuyen a nuestros programas, o pastores de pequeñas congregaciones que necesitan subsidios? Estas son las preguntas que hacen los dignatarios denominacionales, a pesar de que digan que la Biblia es la regla infalible de la fe y la conducta, que suena muy bonito cuando se recita como confesión, pero no cuando se traduce en la perdida de dinero y miembros. En este caso gana el dios de este siglo y pierde el Dios de la eternidad. Esto ocurre, incluso, aun cuando la reunión donde se tomó la decisión de prohibir el libro probablemente empezó en oración pidiendo la dirección de Dios. Pero la decisión no la haría Dios, ya la habían hecho los números y los intereses políticos. Esto tiene una seria implicación con relación al respeto que le debemos a Dios. Pedirle dirección sobre una decisión que ya ha sido tomada.

Este uso de la oración ocurre en todos los niveles de la iglesia. Independiente a la educación teológica formal de sus líderes o a la falta de ella. A que sean liberales o conservadores. A que estén llenos (que en este caso sería solo una pretensión) o vacíos del Espíritu Santo (que es lo más seguro). Desde luego, lo que ocurrió con *El Purgatorio Protestante* no me tomó de sorpresa. Yo lo había anticipado en la introducción del libro, sin jactarme de profeta.

2. **La palabra del hombre hecha más importante que la Palabra de Dios.**

Es triste la historia que me relató un pastor amigo en Bogotá durante el Primer Congreso Latinoamericano de Evangelización (1969). Me contó de la frustración de un profesor durante un curso de refrescamiento que él estaba tomando, en un prestigioso seminario de la ciudad de Nueva York, del que él se había graduado hacía varios años.

El profesor que dictaba el curso preguntó a los pastores que lo tomaban que cuál era el concepto que Lucas tenía de Jesús y repitió la pregunta utilizando el nombre de cada uno de los cuatro evangelistas. Nadie levantó la mano para responder. Entonces hizo la misma pregunta, pero esta vez utilizando el nombre de teólogos alemanes que estaban en boga, en lugar del de los autores de los evangelios. Ahora sí hubo manos levantadas. Esto pudo indicar dos cosas. Una de ellas, que en realidad estos pastores no sabían la opinión que tenían los evangelistas de Cristo. La otra, que les interesaba más demostrar su dominio de la teología alemana que de la Biblia. Cualquiera que fuera el caso es de lamentar.

Es trágico que haya pastores que estén más familiarizados con la teología racionalista alemana que con la Biblia. Y se critica a los curas porque conocen la ley canónica pero ignoran las Sagradas Escrituras.

Lo que hace más dramático el incidente es que todos los que tomaban el curso eran pastores que, después de años de ministerio, habían regresado al seminario para tomar este curso.

Es irónico que el profesor de un seminario de los que llaman liberales se frustrara ante la ignorancia o falta de interés en la Biblia de estos pastores; porque estos seminarios son responsables, en gran medida, de esta situación.

3. El señorío de Dios sustituido por el señorío de la institución.

Después de hablar en una convención misionera, un ejecutivo de la denominación que me había invitado, cuando me llevaba al aeropuerto, me dijo: «De Ávila, tú eres un hombre de mente tan independiente, yo quisiera ser como tú, pero no puedo». Le contesté que él sí podía, pero que no quería. Su respuesta fue que no podía porque él era fruto del sistema.

Lamentablemente, para este hombre su posición en la institución era más importante que su conciencia. Más importante que el disfrute de la libertad gloriosa de los hijos de Dios. Más importante que su independencia intelectual. Más importante que el señorío de Cristo. ¡Qué lástima, había dejado de ser siervo de Dios para convertirse en siervo de los hombres! Se encontraba prisionero de un sistema humano que no le permitía pensar. A pesar de tener un postgrado universitario en pedagogía y de haber ocupado una posición importante en el sistema escolar de su país. Este hombre sabía que para mantener su posición ejecutiva en la denominación no podía tener independencia de criterio. Su opinión, estuviera o no fundada en la Biblia, tenía que supeditarse al sistema, a la posición oficial. Pero la situación no era compleja. Mi amigo tenía dos opciones: El señorío de Cristo y su Palabra, de donde derivaría la libertad gloriosa de los hijos de Dios, o el señorío de la institución y sus normas, de donde derivaría la esclavitud. En economía se define el concepto valor de la siguiente manera: el valor de una cosa es lo que uno sacrifica para obtenerla. El equivalente de esa definición, en el lenguaje popular, es que no se puede estar en la misa y en la procesión. En estas organizaciones el señorío no lo tiene Cristo, sino la estructura de poder.

En otra ocasión un pastor me dijo que él creía como yo, pero que a su edad él no podía arriesgar su retiro. Sacrificaba su conciencia por la seguridad económica. A esto lo llaman los venezolanos el bozal de la arepa. ¡Qué tragedia! Un ministro del Dios omnipotente que piense que tiene que someterse a un sistema que hace violencia a su conciencia, para que el Dios a quien sirve pueda sostenerlo en su vejez. ¿No habrá leído mi amigo pastor que no hay «justo desamparado ni su simiente que mendigue pan»?[4] ¿Que «el pan nuestro de cada día» viene del Padre que está en los cielos[5] y no de la institución que está en la tierra? ¿Que «ninguno de los que en él confían será avergonzado»?[6] ¡A que triste condición han llegado algunos que se llaman representantes de Dios! Yo pienso que es mejor morir de hambre con dignidad que vivir harto indignamente. Uno de los pastores citados era miembro de una denominación de las que dicen tener el evangelio completo y el otro de las que dicen ser históricas.

4. Mercadeo

Grandes segmentos de la iglesia, por desdicha, responden al principio de mercadeo de oferta y demanda. Algunos predicadores, que se dan cuenta de esto, lo utilizan y dicen al pueblo lo que este quiere oír, no lo que necesita oír. Al estilo de los políticos corruptos de este mundo.

¿Cuál es el predicador al que sigue la multitud? El que es portador de la última novedad. El que da soluciones sin compromiso ni sacrificio. El que ofrece respuestas simplistas a situaciones complejas. El del evangelio de oferta unilateral. El del dios que lo da todo sin exigir nada. «Cristo está aquí, él tiene poder, pide lo que quieras, él te lo dará».[7]

Los directores de organizaciones eclesiásticas saben que para mantener sus posiciones ejecutivas, tienen que responder a la demanda popular y se someten a sistemas que ellos saben que no articulan la opinión de Dios, sino la de la institución o la de la gente que da el dinero. Estos líderes saben que esa es la única manera de mantener el puesto y el presupuesto y, donde no hay fe hay temor.

Estaba presente en una reunión de gran concurrencia, donde estaban ocurriendo cosas con las que yo no estaba de acuerdo. A mi lado estaba un pastor, pionero y ejecutivo de su denominación en aquella región. Este hombre, que sabía cómo yo pensaba, me dijo: «De Ávila, yo tampoco estoy de acuerdo con lo que están haciendo, pero al pueblo le gusta, y, si la iglesia está contenta, no hay problemas». Y nos alarmamos al ver que la iglesia ha perdido su credibilidad. Que la sociedad cree que la iglesia es un negocio como otro cualquiera.

Para algunos lo importante no es la sana doctrina cristiana sino lo que tiene mercado. Olvídate de la ética. ¿Se vende? ¿Mantiene a la gente asistiendo y dando dinero? Entonces es bueno.

Muchas iglesias han dejado de ser centros de culto y adoración para convertirse en centros de diversión. Lugares de entretenimiento.

El principio rector es: ¿Qué es lo que atrae a la gente? ¿Qué es lo que le gusta? El principio que se observa es el de oferta y demanda. «El crecimiento numérico de miembros muy a menudo se convierte en el objetivo primario. Los pastores quieren más gente y si una estrategia trabaja, independiente a que sea bíblica o no, es usada. Muy poco se reflexiona en la clase de cristianismo que estamos produciendo. Esto ha puesto un formidable peso sobre aquellos que se niegan a emplear tales estrategias, en especial cuando estos pastores son acusados de no estar ungidos con el Espíritu Santo. Cuando los pastores se refieren a temas de sufrimiento e identificación con Cristo en la cruz ven a la gente irse para asistir a iglesias que ofrecen lo que ellos están buscando».[8]

El pastor de una prestigiosa congregación me invitó para que diera lo que él llamó una reflexión bíblica en una comida-concierto que la iglesia celebraría. Le hice el comentario de que si el concierto se extendía no tendríamos las mejores condiciones para la reflexión. Poco después me mandó un «fax», una forma impersonal de comunicación estando ambos en la misma ciudad y a pesar de que la invitación la había hecho personalmente. Me decía que había pensado en mi comentario y que lo había discutido con el comité, y que este había decidido cancelar la reflexión y tener el concierto. Le contesté, con otro «fax», que la decisión era sintomática de los tiempos en que vivimos: Se había sacrificado la Palabra de Dios por el entretenimiento. No ha habido más comunicación entre nosotros. Imagino que jamás será reiterada la invitación. Con mi respuesta cerré la puerta. Pero yo prefiero quedarme afuera que entrar por la ventana.

Si yo tuviera un grado universitario en mercadeo le habría contestado que me parecía acertada la decisión del comité y que en el futuro, cuando tuvieran tiempo y no hubiese algo más importante en que utilizarlo, podríamos tener la reflexión de la Palabra de Dios. ¡He aquí un diplomático eclesiástico! ¡Un experto en mercadeo! O lo que en el Antiguo Testamento sería un falso profeta, quien decía al rey lo que este quería escuchar.[9]

5. Legalismo religioso en lugar de la libertad gloriosa de los hijos de Dios.

En mi opinión, personas con traumas psicológicos no resueltos han producido el legalismo religioso. Estoy convencido de que el legalismo no puede producirse en una mente sana, sino en personas con serios problemas de salud mental. Solo emociones enfermas pueden producir el legalismo religioso.

La idea de un dios implacable, que grava al hombre con regulaciones asfixiantes, impidiéndole el legítimo disfrute de la vida, tiene que derivar de la relación enfermiza con figuras significantes de autoridad en el período de formación. Un padre autoritario al que es imposible complacer inhibe la concepción de un Padre Celestial bondadoso, comprensivo e interesado en el bienestar de sus hijos.

Por desdicha, personas procedentes de estos medios enfermizos, sienten particular atracción hacia la religión opresiva, autoritaria, que regula cada aspecto de la vida.

La inmadurez emocional es otra de las causas del legalismo. Un líder autoritario es una salida para la persona que no quiere tomar la responsabilidad de su conducta. El legalismo es la alternativa ideal para la persona inmadura que se niega a madurar. Como el sentido de autoestima de estas personas es, como norma, bajo, estos sistemas sirven la función de autocastigo.

Desde luego, no estoy validando el determinismo psicológico. Estoy aceptando, sencillamente, que en ese contexto la persona tiene unas dificultades con las que no tiene que luchar el que procede de un ambiente sano.

Aquí es donde la iglesia tiene que ejercer su función terapéutica y no contribuir a esclavizar más a la persona. La iglesia tiene que enseñar a esta gente que los patrones de conducta son aprendidos y que lo aprendido puede ser desaprendido. La persona no tiene que perpetuar soportar un trato abusivo, dominante. La codependencia que derivó de padres autoritarios o sobreprotectores no tiene que acompañarla hasta la muerte.

Trágicamente esto no es lo que hace el legalismo, sino todo lo contrario. El legalismo cambia la esclavitud emocional de la persona por una esclavitud religiosa. Esta esclavitud tiene la agravante de que amenaza no solo con el rechazamiento de las personas significantes del círculo social del individuo, sino también, con el rechazamiento de Dios y el riesgo de ser objeto de su ira eterna. ¡Qué lejos está el legalismo del Dios de la Biblia! ¡Qué lejos está el legalismo de un Dios de amor!

El legalismo también ha producido una dualidad religiosa. Un evangelio privado y un evangelio público. El legalismo ha producido al pastor que practica en privado lo que condena en público.

Por los años sesenta conocí a un pastor que tenía varias hijas, pero no llegaba el deseado varoncito. Por último llegó el varoncito y la esposa dejó de concebir. Yo le dije: «Felipe (no es su nombre real), todavía estamos en el tiempo de los milagros. Tu esposa se mantuvo fértil hasta que llegó Felipito (tampoco es su nombre), pero después que llegó el varoncito soñado, el Señor milagrosamente cerró su matriz».

Estábamos en los días en que la planificación familiar era pecado mortal. Mi amigo entendió mi ironía y me dijo que no bromeara. Yo le dije que por supuesto, no había tal milagro, sino que él y su esposa habían tomado las medidas para que, después del varón, ella no volviera a quedar en estado. Le dije, además, que por qué no ayudaba a su congregación a resolver el problema que él había resuelto en lo personal.

La posición de la denominación de este pastor era que evitar los hijos era pecado. Él era un ejecutivo de la denominación y tenía que respaldar esa posición en público, pero no la practicaba en privado. Los legalistas usualmente tienen dos caras. Viene a mi mente Jano, un personaje de la mitología, quien tenía dos caras.

Cuando para muchos la televisión era la caja del diablo, algunos pastores tenían la suya en el cuarto para que no la vieran los miembros de la iglesia que los visitaran, o permitían a sus hijos que la vieran en la casa del vecino. Pero en el púlpito la televisión era condenada como la caja del diablo.

Hay pastores que toman vino cuando están solos o con personas que no los van a condenar, pero se abstienen delante de los miembros de la iglesia que pastorean. La impresión que quieren dar es que ellos no toman vino. Esto, además de legalismo, es hipocresía, algo que Cristo condenó con vehemencia. Algo que el apóstol Pablo condenó en Pedro y su relación con los gentiles en presencia de judíos.[10]

6. La antropología bíblica sacrificada por la economía.
La teología de los que se enriquecían con la esclavitud de los negros en Estados Unidos se encontró con el grave dilema de llamarse cristiana y favorecer la esclavitud.

Esclavizar es deshumanizar. Se puede hablar de hombre enfermo, hombre ignorante, hombre hambriento, pero no de hombre esclavo. Hombre y esclavo son conceptualmente contradictorios. Se es hombre o se es esclavo. La única manera de esclavizar al hombre es deshumanizarlo.

El cristianismo es la mayor afirmación de la dignidad del hombre que cualquier sociedad puede tener y la esclavitud es la mayor negación de esa dignidad. Por lo tanto, es contradictorio ser cristiano y esclavista. Para esta conclusión no se necesita ser santo, solo lógico.

Un principio fundamental de la fe cristiana es que Dios hizo al hombre a su imagen y semejanza según Génesis 1:27. En este pasaje de la Biblia, hombre no significa hombre blanco como quisiera la absurda supremacía blanca que fuera el caso, o como pensaba Jefferson quien excluía al negro de su famosa pero hipócrita declaración: «Todos los hombres fueron creados iguales». Todos, en la declaración de Jefferson, significaba todos menos los negros.

La investigación antropológica no permite determinar el color del primer hombre, pero si se tiene en cuenta la región donde Dios lo hizo y el material que usó, el primer hombre no debe haber sido ni rubio ni de ojos azules. Con este fondo lo blanco no debe ser superior, sino el deterioro de la condición original. Así parece que lo entendió el negro en su encuentro con el blanco en África. La palabra que se usó en suajili para referirse al hombre blanco tenía el significado de algo ulcerado, enfermo, alguien a quien han arrancado la piel.

Los que estén esperando encontrar en el cielo a un Cristo con características nórdicas, tendrán una gran sorpresa cuando descubran que el Rubio de Galilea solo existía en la imaginación de su soberbia racista, porque el histórico ni era rubio ni tenía los ojos azules, por ser un judío palestino del siglo primero. Yo espero que, si son consistentes con su racismo, se tiren para abajo cuando hagan este descubrimiento. Esto, concediendo que hayan llegado al cielo, probabilidad dudosa para los racistas.

Esclavizar al negro es negar la imagen de Dios en él, por lo tanto esclavizarlo no solo es inmoral sino, además, pecaminoso. Conceptualmente cristianismo y esclavitud son contradictorios.

La pregunta que tienen que haberse planteado los colonos americanos fue: ¿cómo conciliar la esclavitud del hombre con el cristianismo? Frente a esta contradicción la iglesia de las colonias protestantes no tuvo que pensar mucho. Para resolver el dilema que la esclavitud presentaba a su supuesta conciencia cristiana resolvieron deshumanizar al negro. Decidieron por la economía y sacrificaron la fe, como generalmente ocurre cuando Dios y Mammon se enfrentan.

Al privar de alma al negro este dejó de ser hombre para convertirse, por infame que esto suene, en «talking monkee» [mono que habla] que es como se referían al esclavo en las colonias americanas. Borraron del negro la imagen y semejanza de Dios. ¡Habían resuelto el problema! Lo que Dios había dado al negro (su imagen), la avaricia del blanco se lo había quitado. El negro había dejado de ser humano para convertirse en bestia.

El negro, deshumanizado, podía ahora, como animal, esclavizarse y ser usado como bestia de carga sin tener que dejar de llamarse cristiano el esclavista que tal atrocidad llevaba a cabo. Era un simple problema de definición. El esclavista sabía que no podía esclavizar al negro y seguir siendo cristiano. Esto lo reconoce el filósofo francés Charles de Secondat, Barón de Montesquieu en su argumentación a favor de la esclavitud: «Es imposible para nosotros suponer a estas criaturas como hombres, porque, permitiendo que sean hombres supondría la sospecha de que nosotros no fuéramos cristianos».[11]

Jefferson podía tener esclavos y seguir diciendo que «todos los hombres fueron creados iguales» porque el negro había dejado de ser hombre. Por vejatorio y ultrajante que resulte a nuestros oídos, eso fue lo que hicieron los «cristianos» que habían dejado a Europa para poder adorar a Dios según sus conciencias. No es de extrañar que el Dr. Okoye, mi respetado profesor, tuviera problemas para aceptar la fe de los cristianos. Yo también los tendría si no supiera lo que es cristianismo. Este conocimiento me permite saber que esa gente se llamaba cristiana, pero su conducta no era cristiana. La validación fundamental del cristiano fue dada por Cristo mismo cuando dijo: «por sus frutos los conoceréis».

Aun más grosero es que algunos pretendían justificar esa situación con la Biblia, al decir que el negro había resultado de la maldición de Dios.

Esta gente estaba llena de contradicciones. Por un lado decían que el negro no tenía alma, que había resultado de la maldición de

Dios, que era un mono que hablaba. Por otro lado le permitían que tuviera iglesia. Más adelante mandaron misioneros a África para evangelizar al negro. ¿En qué quedamos, tiene alma el negro o no la tiene? ¿Estaban pensando en un cielo de blancos y otro de negros? O, ¿estaban pensando llevar negros al cielo de los blancos para seguirlos esclavizando allá? El pecado nunca ha sido coherente.

Sin embargo, estos llamados cristianos no habían inventado ese mecanismo de explotación, solo lo habían copiado del paganismo romano. Roma, que pretendía ser centro de la civilización, y lo que quedara fuera de sus fronteras era lo bárbaro, tuvo también que resolver el problema ético de la esclavitud. Civilización y esclavitud se contradecían. La manera en que resolvieron el problema fue definiendo al esclavo como «instrumentum vocale» [máquina que puede hablar]. «Tan total era el control del amo que Varro (Rust. I.17.I) podía llamar al esclavo instrumentum vocale [la herramienta que puede hablar]».[12] «Varro consideraba al esclavo como un implemento articulado, en contraste con los carretones y cosas parecidas, los cuales eran implementos sin voz».[13]

Pero, lo que ocurre en el protestantismo anglosajón colonial, también ocurre en las colonias católicas de España. Yo no estoy comprometido con protestantes, católicos, evangélicos, reformados, deformados u ortodoxos, sino con la verdad. La Biblia dice que nada podemos contra la verdad sino con la verdad misma.

En Cuba, por ejemplo, el Padre Las Casas, en defensa del indio, a quien los españoles habían esclavizado, favoreció la esclavitud del negro. Le quitó el alma al negro para dársela al indio. Para rehumanizar al indio deshumanizó al negro, y se convirtió en héroe como defensor de los indios. Recuerdo que en mis días de escuela primaria en el aula había un retrato del Padre Las Casas, con un indio abrazado a sus piernas. Se había convertido en «el padre de los indios». La parte de deshumanizador de los negros se omite en esta paternidad.

La historia escrita por los hombres solo escribe lo malo cuando tiene que ver con sus adversarios, nunca con sus héroes. De Las Casas se escribe que fue padre de los indios, y de Jefferson, que dijo: «todos los hombres fueron creados iguales», pero lo que ambos hicieron con el negro se omite.

Cuando yo residía en Bolivia, como asesor de la Misión Latinoamericana para el programa de Evangelismo a Fondo en 1965, en una reunión auspiciada por este programa estaba de visita un sudafricano blanco (negro ni pensarlo) que profesaba ser cristiano. Durante la reunión yo censuré el sistema de apartheid y el sudafricano, que representaba a una organización cristiana caritativa, contestó que el sistema tenía su explicación y que yo tenía que ir a Sur África para entenderlo. Como si el maltrato y la deshumanización pudieran tener explicación, y mucho menos desde una perspectiva cristiana.

El caso de este hombre, que estaba en Bolivia representando una organización caritativa con intenciones de ayudar al indio boliviano, me hace pensar en la posición que tenían las iglesias de los Estados Unidos hasta hace poco tiempo, cuando excluían al negro de sus iglesias, pero cruzaban el Atlántico para evangelizarlo en África.

¿Cómo podría interesarle a un sudafricano blanco la situación del indio boliviano cuando daba la espalda a los negros de su país?

Por algo que ocurrió (o mejor dicho que no ocurrió) meses después, tengo la impresión que me «cobraron» haber emplazado al sudafricano. En la iglesia como institución existe lo que yo llamo diplomacia eclesiástica. Afortunadamente yo no he aprendido a ser diplomático eclesiástico y por eso a veces me busco problemas o soy excluido de algunos círculos. Un erudito católico ha dicho que el que se enfrenta al sistema pierde vigencia. Lamentablemente esto no solo ocurre entre políticos corruptos. Aun dentro de organizaciones que se llaman cristianas, la conducta ética tiene sus consecuencias. Pero yo soy de la opinión, que el que no está dispuesto a sacrificar aun su vida por sus convicciones no tiene derecho a tenerlas. Aunque en realidad no las tiene si no las defiende con su vida. Lo irónico es que al tratar de salvar la vida comprometiendo sus convicciones no la está salvando sino, en realidad, la está perdiendo. El hombre sin convicciones está muerto.[14]

7. Supresión del placer sexual.

El concepto bíblico de sexualidad fue deformado por algunos llamados Padres de la Iglesia, por papas, sacerdotes, pastores y teólogos con traumas emocionales o influidos por el pesimismo sexual de algunos filósofos. Esto ocurre en el lado católico y también en el protestante.

Personas con problemas sexuales dieron expresión a sus conflictos e inhibiciones a través de exégesis equivocadas de pasajes bíblicos. Lo que el Creador intencionó para compañía y placer, en ese orden, lo convirtieron en causa de desajuste, tortura mental y fuente de culpa neurótica.

Lamentablemente estos supuestos representantes de un Dios de amor se convirtieron en voceros del pesimismo sexual de filósofos paganos, particularmente estoicos y gnósticos, y corrompieron la idea de un Dios bueno, creador de un mundo bueno y de un cuerpo humano bueno, capaz de la legítima experiencia del placer erótico. Transformaron a Dios, al hombre y a la mujer en seres asensuales. Su desprecio por todo placer, principalmente el sexual, los llevó a la supresión del propósito divino del placer erótico que hombre y mujer deberían disfrutar entre sí. La palabra erótico adquirió una connotación pecaminosa para muchos cristianos.

La sensualidad, intrínseco componente de la naturaleza humana, la convirtieron en algo demoníaco que había que reprimir. Su pesimismo sexual los llevó a la creación de un dios asensual, quien lógicamente no podría haber creado un ser sensual. Según esta gente la sensualidad, tanto en el hombre como en la mujer, pero principalmente en esta, era parte del deterioro producido por la caída. El deseo de la experiencia del placer, sobre todo erótico, era una tentación de Satanás que se alimentaba desde el infierno usando como instrumento a la mujer.

En esta corrupción del plan divino la que salió con la peor parte fue la mujer, a la que convirtieron en instrumento del diablo, fuente de toda tentación demoníaca, a quien había que evitar a toda costa so pena de sufrir la furia del infierno. En el pensamiento de estos hombres la mujer no era sino un hombre que salió defectuoso. Alberto el Grande fue un gran despreciador de las mujeres. Él reclamaba que «la mujer está menos calificada (que el hombre) para la conducta moral... La mujer es un hombre que salió defectuoso y tiene una defectuosa naturaleza con fallas, cuando se compara con el hombre... uno debe estar en guardia con la mujer como si fuera una serpiente venenosa y el diablo con cuernos... sus deseos llevan a la mujer hacia toda clase de maldad, como la razón estimula al hombre a toda clase de bien».[15]

Solo aislando el cristianismo de la historia católica y protestante, en lo que a sexualidad se refiere, puede una mujer educada aceptar la fe cristiana. En ambas historias, en diferentes grados, la mujer dejó de tener la imagen de Dios y adquirió la del diablo.

Lamentable metamorfosis porque, en mi opinión, lo mejor que se le ocurrió a Dios fue hacer a la mujer. No una puesta de sol sobre un mar tranquilo y con un cielo rosado como fondo. No las flores del campo. No el canto del ruiseñor. ¡La mujer! He ahí una obra de arte. ¡La mujer! He ahí una gráfica demostración del ingenio divino. ¡Pobres pesimistas, lo que han perdido! El disfrute del amor[16] de una mujer. Que lástima que no hayan entendido el Cantar de los Cantares. Todo por seguir la orientación del pensamiento pagano en lugar de la opinión de Dios.

Estos místicos desajustados, pobres enfermos mentales, privaron a hombre y mujer de su humanidad y los convirtieron en máquinas reproductoras de su especie. Abierta traición al Cantar de los Cantares.

La espiritualización de la que algunos hacen objeto al Cantar de los Cantares se debe, en mi opinión, a que algunos no se atreven a pensar que Dios pueda hablar del amor físico entre un hombre y una mujer en la forma en que lo hace este libro. Pero, ¿cómo no podría hablar Dios con libertad de algo que él creó? El placer erótico, dentro de los parámetros establecidos por el Señor, no puede ser pecaminoso. Eso sería absurdo. Se necesita una fértil imaginación para decir que los amantes de Cantares son Cristo y la iglesia, como algunos teólogos cristianos han dicho, o Jehová y su ley como proponían algunos sabios judíos que participaron en el canon del Antiguo Testamento.

En mi trabajo de consejería pastoral he hablado con mujeres divorciadas o solteras, de edad en que como norma en algunas sociedades ya deberían estar casadas. Cuando me hablan de su soledad y del deseo de disfrutar de la compañía de un hombre, casi invariablemente me dicen: «aunque no es por la parte sexual». Mi reacción, también invariable es «y, ¿por qué no por la parte sexual?» Parece que ellas piensan que, por ser yo pastor, las consideraría de bajo carácter o con apetitos reprobables. De inmediato les hago saber que es absolutamente legítimo que deseen la compañía de un hombre no solo en el nivel afectivo o social sino también en el sexual. No hay nada malo en el deseo sexual, ni en la regularidad con que se desee o practique. Lo malo podría presentarse en la manera de satisfacer ese deseo.

Lamentablemente algunos han reducido la sexualidad a un nivel patológico, a algo que hay que evitar, o a situaciones en que la dignidad humana se ausenta.

El catolicismo redujo la sexualidad humana a una máquina de reproducción de la especie en el mejor de los casos y a una actividad pecaminosa y de detrimento a la salud en el peor de los casos.

La literatura clásica de la iglesia católica, representada por sus más venerados pensadores, está llena de ejemplos de lo disparatado del pensamiento sexual de estos guías espirituales.

Según Possidius, amigo de San Agustín, la casa de este jamás fue visitada por una mujer. San Agustín no conversaba con una mujer a menos que hubiese testigos. Esto incluía a su hermana mayor y dos sobrinas que eran monjas. Parece que el santo tenía miedo de contaminarse con mujeres aun de su familia inmediata.

8. La Biblia puesta al servicio de intereses políticos.

La Biblia ha sido utilizada, por unos para justificar el capitalismo, por otros para justificar el marxismo y por otros el feudalismo. La teóloga alemana Uta Ranke Heinemann ha dicho que «para muchos la Biblia es una especie de supermercado a donde tú vas y coges lo que necesitas».[17]

En tiempos de la colonia en el mal llamado nuevo mundo, los misioneros católicos usaron la religión para convencer a los indios de que la dominación española era voluntad divina, el método usado por Dios para cristianizarlos. No es de extrañar la idea del cielo que desarrolló Hatuey, considerado el primero que se sublevó contra España en Cuba. Cuando los españoles fueron a quemar a Hatuey, un sacerdote le dijo que besara la cruz para que fuera al cielo. Hatuey le preguntó al cura si en el cielo había españoles. El cura contestó afirmativamente y entonces Hatuey le dijo que lo mandara a cualquier lugar menos al cielo. Su reacción no fue en contra del cielo de Dios, sino en contra del cielo de los españoles.

En países del llamado tercer mundo, donde los gobernantes asisten a la «iglesia» y reciben la bendición de los prelados, la tierra es contaminada, el hombre es explotado, y los pequeños empresarios y agricultores son estrangulados por las grandes corporaciones transnacionales cuyos ejecutivos, en su mayoría, asisten a la «iglesia»[18] y proceden de países que se llaman cristianos. Algunas de estas compañías exportan a países pobres productos médicos o de alimentación que no pueden venderse en sus países por no conformarse a las normas de protección al consumidor y, en el caso de Estados Unidos, a pesar de que «In God We Trust».[19]

Alguien podría preguntarse ¿y por qué señalar a Estados Unidos en particular? Sencillamente porque Estados Unidos reclama confiar en Dios y ser una nación «under God»[20] y la criminal exportación de productos que arriesgan la seguridad del consumidor, entre otros crímenes de su política exterior, es incompatible con la reclamación de ser una nación gobernada por Dios.

De visita en un país de América Latina un amigo me mostró un proyecto de viviendas de alto costo, principalmente para extranjeros. Señalando a los canteros de plantas ornamentales me dijo que el agua con que regaban esas plantas él no podía recibirla en su casa para suplir sus necesidades. A la región rural donde él vive la privaron de agua para garantizar la del proyecto, pero solo desconectaron la de él. A otros propietarios de fincas, adinerados y con «conexiones» con el gobierno le mantuvieron el agua.

Todo esto ocurre en un país llamado cristiano en el cual cuando el Papa está de visita otorga su bendición a los que gobiernan y controlan la economía y estos, a su vez, entregan al pontífice la llave del país. Tengamos en cuenta que en el continente americano solo hay un jefe de gobierno que se ha declarado ateo.

9. La Biblia usada para apoyar contradicciones doctrinales.

Existen muchos grupos que se llaman cristianos, pero que se contradicen los unos a los otros, aunque todos ofrecen pasajes bíblicos para probar sus posiciones, como si Dios le dijera a este una cosa y al otro lo contrario. ¿A qué obedece esta situación contradictoria? La razón es que, aunque estos grupos nominalmente dicen partir de la Biblia, en la realidad sus bases están en una interpretación particular que los fundadores han hecho de la Biblia; o quizá de sus experiencias personales. En algunos casos el trato particular que Dios ha tenido con ellos lo han generalizado y piensan que ese es el plan de Dios para la humanidad.

Un ejemplo de trasladar la experiencia personal a lo que debe ser la norma general se ve en el hombre que antes de su conversión fue un Don Juan. Este hombre tuvo una sucesión de amantes. No concebía una relación social con una mujer. En cada mujer veía una conquista. Ahora, al venir a Cristo, este hombre asediará a hombres y mujeres con el peligro del sexo. Si ve a un hombre y una mujer conversando ya piensa que la está enamorando.

Este hombre pondrá normas en que hombres y mujeres no podrán sentarse juntos en la iglesia. Un lado del templo será para hombres y otro para mujeres, aunque estén casados. Yo he visto matrimonios que al entrar al templo la mujer va para un lado con los niños y el marido para el otro lado. La mujer tendrá que luchar con los hijos mientras trata de atender a lo que el predicador dice, pero el marido sin preocupaciones disfrutará de la reunión.

Otro ejemplo podría ser el de personas que antes de su encuentro con Dios han vivido una vida de ostentación social. Hace unos años conocí en Estados Unidos a una señora a quien, con el auxilio de Dios, aparentemente pude ayudar. Esta mujer estaba sufriendo una profunda depresión. Un familiar cercano había fallecido de muerte violenta.

Algún tiempo después yo visité el país de ella invitado por una organización internacional. La señora me invitó a visitar su casa, una especie de quinta suiza, con un portero que vivía con su familia en una casita en la entrada principal de la finca. Ya en la casa la señora me condujo a una salita donde me dejó solo por unos momentos. Al regresar, la señora traía en sus manos un cofre de madera. El cofre contenía joyas. En particular me mostró un juego de collar, pulsera y aretes de rubíes. Yo nunca he visto tantos rubíes juntos. La señora me dijo que no sabía que hacer con ellos.

Le había perdido el gusto a las joyas. Me contó que antes de su encuentro con Dios las usaba con ostentación en las recepciones de la alta sociedad a las que asistía, que incluían fiestas en las embajadas acreditadas en su país.

Esta señora estaba en una circunstancia en que si se hubiera encontrado con algún representante del legalismo, que basa su odio a las joyas en una pobre exégesis de Isaías 3:16-24, le habría recomendado que se deshiciera de ellas. O a lo mejor le habría dicho que se las entregara para él venderlas y usar el dinero en «su» ministerio.

Lo que yo le dije a la señora fue que no había nada intrínsecamente malo en las joyas. Los rubíes los había hecho Dios y él no hace cosas malas. ¿Cómo cosas tan bellas hechas por Dios podrían ser malas? Le expliqué que lo que tenía que hacer ahora era usarlos por su valor estético, sin la arrogancia de la ostentación. Yo espero que la señora, a quien no veo hace años, siga usando sus joyas con una actitud cristiana. Por supuesto que no tiene que usarlas si ya no le gustan, pero la razón no debe ser religiosa. Algunos han confundido la arrogancia del uso de las joyas con la naturaleza intrínseca de estas.

10. Sincretismo religioso.

Entre los que se llaman cristianos el sincretismo religioso era casi patrimonio exclusivo de la iglesia católica. En los países donde llegaban los misioneros católicos establecían una coexistencia pacífica con las religiones locales. La virgen María, por ejemplo, ha sido nacionalizada en muchos países.

Cuando residía en Bolivia presencié, durante las fiestas llamadas diabladas, una procesión encabezada por gente encapuchada representando deidades autóctonas que empezaba en el templo católico con la bendición del sacerdote.

Esta práctica católica podría tener aceptación desde un punto de vista antropológico, pero es inaceptable desde la perspectiva de las misiones cristianas. El ejemplo de la posición cristiana en las misiones está dado por Pablo y Bernabé en una historia contenida en el libro de Los Hechos de los Apóstoles. «Entonces la gente, visto lo que Pablo había hecho, alzó la voz, diciendo en lengua licaónica: Dioses bajo la semejanza de hombres han descendido a nosotros. Y a Bernabé llamaban Júpiter, y a Pablo, Mercurio, porque éste era el que llevaba la palabra. Y el sacerdote de Júpiter, cuyo templo estaba frente a la ciudad, trajo toros y guirnaldas delante de las puertas, y juntamente con la muchedumbre quería ofrecer sacrificios. Cuando lo oyeron los apóstoles Bernabé y Pablo, rasgaron sus ropas, y se lanzaron entre la multitud, dando voces y diciendo: Varones, ¿por qué hacéis esto? Nosotros también somos hombres semejantes a vosotros, que os anunciamos que de estas vanidades os convirtáis al Dios vivo».[21]

Los apóstoles no integraron el evangelio al paganismo de esta gente. La posición de Pablo y Bernabé fue radical: «os anunciamos que de estas vanidades os convirtáis al Dios vivo». Una cosa es respetar la religión de la gente y otra acomodar el evangelio a lo que la gente cree. El evangelio no permite la importación de elementos ajenos a su esencia para hacerlo atractivo.

Pero en estos días el catolicismo ya no tiene la exclusiva del sincretismo religioso. En los últimos años hemos presenciado cómo entre grupos que se llaman cristianos se han infiltrado elementos de religiones de misterio. Algunos han deformado la fe cristiana a tal extremo que en lugar de proclamadores del evangelio parecen practicantes de ritos mágicos, o representantes de órdenes por catálogos, a juzgar por la manera en que hablan de la oración.

La superstición y elementos de antiguas religiones de misterio han adulterado el concepto de fe y de oración y dominan la conducta de algunos proclamados representantes del Dios de la Biblia.

Para que a una persona no le den gato por liebre, tiene que saber lo que es un gato y lo que es una liebre. El gran problema con algunos predicadores es que no saben lo que es fe cristiana y misticismo pagano. Por eso le pasan misticismo pagano o ideas de la nueva era por fe cristiana.

11. Mammon en el trono de Dios.

Una situación trágica de nuestros días es la de predicadores que condenan la adicción al tabaco, al alcohol y a las drogas alucinantes, pero ellos se han dejado encadenar por la adicción al dinero. Un porcentaje deplorable del tiempo del culto o de los programas de radio y televisión es dedicado a pedir dinero usando censurables subterfugios.

Se ofrecen aceites benditos y pañuelos ungidos los cuales, cuando son usados en los enfermos, producen milagros. Se espera de los que los soliciten que a vuelta de correos envíen sus ofrendas en expresión de gratitud. Esto último es muy importante para que estos amuletos sean efectivos y se produzca el «milagro». La superstición produce grandes dividendos a los que, sin escrúpulos, la saben manejar.

Durante lo que algunos llaman campaña de liberación, un vehículo con altavoz estaba haciendo la propaganda. Un hombre parado en una esquina, al oír la invitación, dijo que de lo único que lo liberaban a uno allí era del dinero. Es una vergüenza que algunos, con razón, tengan esa opinión de la iglesia.

Algunos predicadores funcionan como asesores de inversiones, si se tiene en cuenta los argumentos que usan para solicitar contribuciones: «pon la semilla de fe y verás como el dólar que mandes para "mi" ministerio se te multiplica. Los intereses de Dios son más altos que los de cualquier banco».

Cuando la avaricia no estimula a dar se usa el temor. «Lo que no des al Señor, se lo estás dejando al anticristo», o «si no ofrendas el dinero se te volverá sal y agua».

Los protestantes critican a Juan Tetzel por haber dicho que, en el momento en que las monedas sonaran en los recipientes, las almas a favor de quienes se compraran las indulgencias saldrían del purgatorio; pero hay protestantes que solicitan dinero a cambio de supuestos bienes espirituales.

A mis manos llegó una propaganda en la que, uno que reclama ser profeta, decía que Dios había puesto bajo su administración ciertos fondos que él liberaría a favor del que le escribiera e incluyera una ofrenda. Esto se parece al truco del que va a una persona incauta, usualmente de edad avanzada, y le dice que tiene una cuenta en el banco, pero que para poder movilizarla necesita cierta cantidad de dinero. Le pide esa suma prestada ofreciéndole un jugoso por ciento de utilidad. La persona cree que está haciendo un gran negocio y da el dinero. ¿Cómo puede una persona creer que hace falta dinero para sacar el dinero que se tiene en el banco?

Este predicador, a pesar de proclamarse un hombre de fe y reclamar que Dios le había confiado una enorme suma de dinero para distribuirla entre los que le escribieran pedía, en otra propaganda, que le ayudaran a salir de una deuda de varios millones de dólares o tendría que suspender sus programas.

Me pregunto, ¿por qué no utiliza los fondos que dice le han sido confiados por Dios? ¿Por qué no utiliza la fe que dice tener? ¿Por qué, en lugar de ofrecer orar por las finanzas de los que le escriban no ora por las suyas? Esto me hace pensar en los que vendían billetes de la lotería en Cuba cuando yo era un muchacho. Todos decían estar vendiendo el premio mayor. Yo me preguntaba, en mi lógica infantil, ¿por qué si creen que es el premio mayor no se quedan con él y jamás tendrán que vender billetes? ¿Por qué estos modernos Tetzels, manipuladores de la avaricia humana, o abusadores de la piedad de los ingenuos, que reclaman tener la fe y el poder de intercesión para ayudar a las finanzas de los que les escriban pidiendo oración,[22] piden la ayuda de los que ellos dicen poder ayudar? Aquí se puede decir: médico, cúrate a ti mismo.

Viene a mi mente una anécdota de Mark Twain. Cuenta el literato que fue a visitar a una adivina y cuando tocó a la puerta, de adentro la adivina preguntó, ¿quién es? Dice Mark Twain que dio media vuelta, se fue y jamás consultó a una adivina. Su razonamiento fue que si la adivina no sabía quién estaba tocando a su puerta, ¿cómo podría saber el futuro de él? La lógica es irrebatible. ¿Cómo es posible que alguien pueda ayudar a las finanzas de otro y no pueda ayudar las propias? ¿Por qué un hombre al que Dios ha encomendado la administración de millones de dólares y quien tiene la fe para enriquecer a otros, tiene necesidad de los cinco dólares de una anciana viuda que vive de la asistencia social?

12. Racionalización de las Escrituras.

En un extremo tenemos a los que niegan la posibilidad de lo sobrenatural. Jefferson no ha sido el único que ha tomado una tijera y cortado de las Sagradas Escrituras todo aquello con lo que él no estaba de acuerdo, produciendo así lo que se conoce como la Biblia de Jefferson.

Para algunos lo milagroso es una mala palabra. Recuerdo que estudiando el libro de los Hechos en la Universidad de Rochester, al llegar al pasaje en que un ángel saca a Pedro de la cárcel mi profesor de Nuevo Testamento me preguntó, en forma que yo percibí como sarcástica, que si yo creía que un ángel aleteando había sacado a Pedro de la cárcel. Yo le contesté que yo no sabía si el ángel aleteaba o no, pero que sí sabía que el poder sobrenatural de Dios había sacado a Pedro de la cárcel. En otra ocasión este profesor, quien al parecer no podía trabajar con lo milagroso de la Biblia, me dijo que yo le ponía a la Biblia cosas que ella no decía. Yo le respondí que el problema de algunos teólogos era que decían creer en Dios, pero no lo dejaban comportarse como tal. Sobrenatural o milagroso son palabras que no aparecen en el vocabulario de la teología racionalista.

Tuve otro incidente, esta vez con el profesor de historia de la iglesia. Para explicar lo que sucedió en Jericó dijo a la clase que desde un punto de vista arqueológico se determina lo que ocurrió en una ciudad amurallada de la antigüedad observando la posición de las ruinas de los muros. Si los muros están hacia fuera ocurrió una guerra civil y le dieron a los muros de adentro hacia fuera. Si las ruinas aparecen hacia dentro lo que ocurrió fue una invasión. Pero las ruinas de los muros de Jericó estaban a ambos lados. La explicación arqueológica, según el profesor, era que lo ocurrido fue una combinación de ambos fenómenos. Al atacar a Jericó los judíos recibieron ayuda de parte de la población local que tenía la esperanza de salvar la vida. Unos golpearon las murallas de afuera para dentro y los otros de dentro para fuera. Yo le dije al profesor que podría haber otra explicación. Él entonces me preguntó: «¿Un temblor de tierra?» Le contesté que esa podría ser una posibilidad, pero que yo estaba pensando en otra. El profesor me volvió a preguntar, con cierto escepticismo, «¿Dios?» Mi respuesta fue «*Sí*, porque si a los muros los golpean desde arriba se rompen a ambos lados». Parece que cogí al profesor fuera de base porque él dijo, «oh, that could be another possibility».[23]

En el otro extremo tenemos a los que han corrompido la idea de lo milagroso. Dios ha dejado de ser soberano y está a merced de los caprichos de los que dicen ser sus siervos. Los papeles se han invertido y el esclavo da órdenes al amo. Dios no sana al enfermo cuando él quiere, sino cuando un «hombre de fe» se lo ordena. «Te declaro sano» es la expresión clásica.

En la opinión de un evangelista en boga la oración «sea hecha tu voluntad» es una negación de la fe y por lo tanto una forma equivocada de orar. Según él a Dios se le ordena. Al enfermo se le dice, te declaro sano. Las palabras de Juan: «Y ésta es la confianza que tenemos en él, que si pedimos alguna cosa conforme a su voluntad, él nos oye»[24], no están en la Biblia de esta gente. Como tampoco la oración de Cristo en Getsemaní: «Padre mío, si es posible, pase de mí esta copa; pero no sea como yo quiero, sino como tú».[25]

Según la opinión de otro conocido pastor, a Dios se le habla en forma precisa. Si quieres una bicicleta tienes que especificar color y velocidades. Hay bicicletas de tantos colores y velocidades que Dios no sabría cuál es la que tú quieres. La muchacha que ora por un novio tiene que ser categórica: estatura, raza, color de los ojos, edad, condición económica y cualquier otro detalle en el que está interesada.

13. Ultimas novedades.

Hace años leí en algún lugar unas palabras del Obispo Gerald Kennedy. Este clérigo de la iglesia Metodista, refiriéndose a la sucesión de modalidades en la iglesia, decía que las modas vienen y las modas van, pero la Palabra de Dios permanece para siempre.

En los últimos años nos ha tocado ser testigos de toda una gama de fenómenos en el culto de la iglesia. Recuerdo que en las primeras décadas de mi vida cristiana la iglesia era más constante y estable en lo que ocurría en su culto. Las congregaciones servían con sobriedad al Señor. La competencia de quién presentaba lo más espectacular era desconocida. Ahora grandes segmentos de la iglesia han sido invadidos por una especie de teatro religioso, donde periódicamente aparece alguien con el último espectáculo.

La primera Biblia la pusieron en mis manos cuando tenía cinco años de edad, al empezar la escuela en el Colegio los Amigos (Quakers) de Banes, Cuba. Antes de cumplir los nueve años mi padre murió y mi madre se mudó de Banes y perdí mi relación con la Iglesia de los Amigos (Quakers). Mi conversión se produciría, ya un adolescente, en una congregación miembro de las Asambleas de Dios, llamada en Cuba Iglesia Evangélica Pentecostal. Pero a pesar de que esta iglesia era de las que ahora llaman carismáticas o de avivamiento, y haber tenido yo la experiencia del bautismo del Espíritu Santo[26] cuando tenía diecinueve años, nunca presencié las cosas que se producen en la actualidad y que son atribuidas al Espíritu Santo.

Doy gracias a Dios porque tuve un buen maestro con relación al Espíritu Santo cuando la enseñanza bíblica es más importante, al empezar la vida cristiana. Todavía recuerdo con cariño y gratitud las instrucciones de Einar Peterson con relación al bautismo del Espíritu Santo, a raíz de haber tenido yo esa experiencia. Este noruego, ensamblado en Estados Unidos y recapado en Cuba, siempre tendrá un lugar especial en mi corazón. Me puso en lo que él llamaría «the right track».[27] Hermano Peterson, gracias. Todavía atesoro tu enseñanza, después de casi cincuenta años.

En la actualidad grandes segmentos de la iglesia han sido invadidos por una especie de teatro religioso,[28] donde periódicamente aparece alguien con la última novedad.

¿Por qué esa sucesión de modas en la iglesia? ¿A qué obedece la necesidad de algunas iglesias y líderes de tener siempre algo novedoso, un evangelio con efectos especiales? ¿Por qué para algunas congregaciones no es suficiente el estudio bíblico responsable, coherente, bien informado, la oración y la evangelización, sin el elemento histriónico?

En mi opinión la respuesta la tiene la psicología del desarrollo. A cierta edad, la capacidad de concentración del niño es muy limitada y a intervalos breves hay que cambiarle el entretenimiento. Esto es completamente normal para la mente infantil, pero anormal en una mente adulta. Hay cosas de niño y cosas de adulto. Pablo dice: «Cuando yo era niño, hablaba como niño, pensaba como niño, juzgaba como niño; mas cuando ya fui hombre, dejé lo que era de niño».[29]

Lamentablemente, un porcentaje alarmante de la población de la iglesia se mantiene en un nivel infantil, su edad cronológica (tiempo en la iglesia) y su edad psicológica (grado de maduración espiritual) no corren paralelas como sería lo saludable. Esta gente va a la iglesia más por entretenimiento que por razones maduras de espiritualidad.

En lo que se refiere a madurez, grandes segmentos de la iglesia actual están en la condición de la iglesia de Jerusalén y la iglesia de Corinto en la época en que se les dirigieron las cartas que aparecen en el Nuevo Testamento. A los hebreos se les dice: «Porque debiendo ser ya maestros, después de tanto tiempo, tenéis necesidad de que se os vuelva a enseñar cuáles son los primeros rudimentos de las palabras de Dios; y habéis llegado a ser tales que tenéis necesidad de leche, y no de alimento sólido. Y todo aquel que participa de la leche es inexperto en la palabra de justicia, porque es niño; pero el alimento sólido es para los que han alcanzado madurez, para los que por el uso tienen los sentidos ejercitados en el discernimiento del bien y del mal».[30]

Las palabras dirigidas a los corintios fueron: «De manera que yo, hermanos, no pude hablaros como a espirituales, sino como a carnales, como a niños en Cristo. Os di a beber leche, y no vianda; porque aún no erais capaces, ni sois capaces todavía».[31]

La definición de carnal que da el apóstol en Corintios es sinónima de niño, «como a carnales, como a niños». El infantilismo en la iglesia es cosa grave pues su equivalente es carnalidad.

La pretensión de los protagonistas de los espectáculos que padece la iglesia, de que lo que ocurre es expresión de poder espiritual, no tiene base. En realidad lo que ellos reclaman y lo que ocurre es contradictorio. El histrionismo que padece la iglesia es una manifestación de su estado infantil, de carnalidad según la definición del apóstol. La espiritualidad no puede expresarse carnalmente y la carnalidad no puede expresar espiritualidad. Esta imposibilidad es parte del nivel elemental de la lógica. La ley de contradicción establece que cuando dos proposiciones se contradicen una de las dos tiene que ser falsa. Espiritualidad y carnalidad son contradictorias. Por lo tanto, cuando una está presente la otra está ausente.

Una iglesia espiritual no se comporta carnalmente (infantilmente) Una iglesia carnal (infantil) no se comporta de forma espiritual. La carnalidad y la espiritualidad se excluyen recíprocamente.

Por desdicha, en una proporción impresionante, la iglesia de nuestros días es infantil. Muestra fiel de una sociedad compuesta por niños y niñas con cuerpos de hombres y de mujeres, pero con edades cronológicas y psicológicas que no corresponden.

Hay pastores que de continuo se rompen la cabeza inventando nuevos programas, como en la televisión, donde la norma es que los programas tengan poca vida. Estos pastores, para que la gente no se les vaya, están siempre detrás de lo novedoso, de lo espectacular, como ocurre en los centros de entretenimiento de este mundo. Cuando en algún lugar se está produciendo lo último, allá peregrinan para aprender la última técnica o traen al que la inventó. La explicación que para mí tiene la conducta de estos pastores es que trabajan con una iglesia infantil, o lo que es peor, ellos están en ese nivel.

Otra explicación, grave desde un punto de vista ético, es que son pastores sin la preparación para serlo, o quienes, aunque tengan la preparación, para multiplicar la audiencia siguen principios de mercadeo y dicen y hacen lo que la gente quiere y no lo que la gente necesita.

Una iglesia adulta, consciente de su misión y de los recursos provistos por Dios para cumplirla, no necesita de estos mecanismos. Revisemos algunas de las últimas novedades.

1. Empastes de dientes.

Hace algunos años pasé la noche en la casa de un pastor amigo. En la mañana siguiente me encontré con un evangelista el cual estaba celebrando una serie de reuniones en la iglesia pastoreada por mi amigo. Al encontrarnos me dijo: «De Ávila no sabes lo que te perdiste anoche. El Señor estaba plastificando muelas en tal forma que el polvo de plata que salía de la boca de la gente me caía en la cara y una hermana tenía que mantenerse quitándomelo con una toalla». El evangelista agregó: «y no me vayas a decir que esto lo hace el otro». Yo le respondí que no sabía quién lo hacía, pero sí quién no lo hacía.

A pesar de que personas confiables me han dicho haber sido testigos de casos de empastes yo tengo una seria dificultad teológica para aceptarlo. Cuando un dentista empasta una muela está haciendo una confesión de impotencia: «Yo no puedo restaurar una muela a su estado original». Dios jamás haría esa confesión. El Altísimo puede hacer la muela nueva. Empastar una muela es el equivalente de ponerle espejuelos a alguien con dificultades en la vista, o ponerle un tornillo a una pierna fracturada. Así que, debemos prepararnos para que en cualquier momento estas cosas ocurran «milagrosamente» en la iglesia. Podemos esperar personas que podrían reclamar que Dios les ha puesto espejuelos o les ha enyesado un brazo o mostrarnos el tornillo que el Señor le puso en una pierna fracturada. Usando materiales que no se conocen en la tierra, que dicen es el caso de la amalgama usada en los empastes. El equivalente lógico es el mismo. Pero Dios no hace remiendos. Él puede hacer nueva la vista, la muela o la pierna. Y para esto el Todopoderoso no necesita espejuelos, amalgama, tornillo o yeso. El Altísimo tiene las piezas de fábrica.

2. Caídas como experiencia espiritual.

Otra de las cosas que se ha popularizado en los últimos años es la de las caídas en masa de personas que asisten a servicios religiosos. En algunos casos esto ocurre cuando el predicador sopla y dice «reciban al Espíritu Santo», y otras veces cuando él les tira su saco.[32] A veces esto se consigue con un movimiento de la mano del evangelista, o empujándolos por la frente. Siempre hay alguien detrás del que va a caer (parece que se anticipa el desplome) para amortiguar la caída, a pesar de que la gente cae, supuestamente, por el impacto del Señor, quien debiera impedir que se diera un golpe. El evangelista corre por la plataforma mientras la gente cae a su alrededor y la audiencia enardecida celebra la «intervención» de Dios.

¿Qué propósito puede tener que la gente caiga? ¿Hay alguna enseñanza bíblica que respalde este fenómeno? ¿Hay algún precedente en la historia bíblica?

En mi opinión tumbar gente no cumple ningún propósito. Aun como simbolismo está equivocado. Dios no tumba a la gente que con corazón humilde se acerca a él. Dios levanta a la persona, no la tumba.

Estando yo con un grupo de mujeres que se reunían cada martes para oración fui testigo de una triste situación. Una de las mujeres presente contó que estaba en una crítica situación económica. Su marido la había abandonado y no tenía con que pagar el alquiler de la casa donde vivía. Su rostro y estado de ánimo eran los de una mujer profundamente deprimida. Nos pusimos de pie, nos dimos las manos e hicimos un círculo para orar. Cuando abrí mis ojos vi a la mujer tirada en el piso con sangre en la cabeza, parece que se había herido al caer. Para mí, si la caída de esta atribulada mujer la había producido Dios, lo que el Altísimo estaba haciendo era abatirla por encima de toda su aflicción. No puedo aceptar que esa sea la conducta del Dios de la Biblia.

Nada en la Biblia enseña la práctica de tumbar a la gente. No hay ningún precedente en la historia bíblica de personas que en su búsqueda de Dios, él, como respuesta, las tumbara en la manera en que hoy, los que reclaman representarlo, tumban a la gente. El acepta, con abiertos brazos de amor, al corazón contrito y humillado que se acerca al trono de su gracia para alcanzar el oportuno socorro.

La Biblia registra casos donde personas cayeron como resultado de experiencias espirituales. Estas caídas eran hacia delante en forma de postración. Este es uno de los sentidos que tiene la palabra utilizada para la caída de Pablo en el camino a Damasco.[33]

Lo que ocurre en estas reuniones ¿corresponde con las caídas de que habla la Biblia? En mi opinión no. Las caídas en masa que se producen hoy tienen, en mi criterio, un carácter emocional sin que medie una profunda experiencia espiritual que deje su marca en la transformación de la persona.

En la enseñanza bíblica está ausente el fenómeno de caídas en masa como resultado de la bendición del Espíritu Santo. No existe, ni en el Antiguo ni en el Nuevo Testamento, precedente alguno de esta experiencia. Ni aun en el día de pentecostés, paradigma del descenso del Espíritu Santo sobre la iglesia, se registran las caídas que se reportan actualmente en algunos grupos de cristianos. Mucho menos el método de soplar a la gente. Yo creo que esto es confundir una sublime experiencia espiritual con un juego de mal gusto. Esto es abaratar y ridiculizar lo sagrado. El único en la Biblia que sopló y dijo «recibid el Espíritu Santo» fue Jesucristo. Hasta donde mi información llega él no dijo a sus discípulos que hicieran lo mismo. Claro, hoy, en el tiempo de las revelaciones personales, a lo mejor se lo ha dicho a alguien en privado.

Pero, aun si existiera algún precedente bíblico, ello no sería suficiente a menos que este estuviera avalado por la enseñanza categórica de la Biblia. En sana hermenéutica con precedentes no se formula doctrina. Cristo para sanar a un ciego hizo lodo con su saliva. Esto no autoriza a los cristianos a hacer lo mismo.[34]

3. Risas en el Espíritu.

Otro fenómeno de nuestros días es lo que han llamado «risa en el espíritu». En minúscula espíritu porque, como punto de partida, se tiene que decir que el Espíritu Santo no produce risa. La risa es la reacción a un estímulo. Diferentes personas pueden reaccionar de distintas maneras al mismo estímulo. Si el Espíritu estuviera involucrado en un incidente de risa, la risa aquí sería una reacción de la persona no una acción del Espíritu.

El fenómeno de la risa espiritual es la más reciente de las novedades en la iglesia. Aunque ha ocurrido en más de un lugar, el caso que más se ha divulgado, hasta donde mi información llega, es el de una iglesia en Toronto, reportado como «La Bendición de Toronto». Hasta allí han peregrinado personas de varias partes del mundo para presenciar el fenómeno.

¿Qué significado tiene «La Bendición de Toronto» desde un punto de vista bíblico? Ninguno.

Un caso de risa que se reporta en la Biblia tiene que ver con la incredulidad de Sara cuando el ángel le dijo a Abraham que ella le daría un hijo.[35] El otro caso es el del salmo dos donde se nos dice que Dios se reirá de los que se le oponen. En el primer caso la risa es expresión de incredulidad, en el otro de burla. En ninguno de los dos casos es bendición.

La Biblia no contiene ni precedente ni enseñanza de la risa como experiencia religiosa. La Biblia no enseña que la risa sea parte de la experiencia de la fe cristiana. Las Sagradas Escrituras no contienen ninguna promesa de que los cristianos reirían como resultado de la intervención del Espíritu Santo, como es el caso de que hablarían nuevas lenguas. No hay ninguna base bíblica para la risa como experiencia de adoración o de desarrollo cristiano.

La risa tiene valor terapéutico, pero no teológico. La risa colectiva que se produce en algunas iglesias es, en la opinión del que escribe, un fenómeno de psicología de masas, sin ningún significado espiritual.

En una entrevista que Christianity Today hizo a John Stott y que apareció en la edición de enero 8 de 1997, una de las preguntas tiene que ver con «La Bendición de Toronto». En su respuesta el señor Stott, conocido escritor inglés, manifestó algunas preocupaciones.

Según Stott el fenómeno es anti-intelectual. Él dice haber escuchado una grabación de la primera persona que llevó «La Bendición de Toronto» al Reino Unido. Esta persona decía: «No analice. No haga preguntas. Simplemente reciba».

Es mi opinión que las instrucciones a que se refiere Stott son diametralmente opuestas a las de la Biblia con relación a cualquier ocurrencia que se atribuya al Espíritu Santo.

Las instrucciones de la Palabra de Dios son: «y los demás juzguen».[36] Las instrucciones de la grabación a que alude Stott son: «No analice. No haga preguntas. Simplemente reciba». Yo tengo mis reservas con cualquier experiencia en la que no se me permita usar mi juicio. La capacidad intelectual del hombre expresa la imagen de Dios en él. Un obrar de Dios que pusiera como condición no analizar sería, desde la perspectiva bíblica, una contradicción. El obrar de Dios puede, en algunos casos, superar la razón pero nunca inhibirla, prohibirla o contradecirla. La negación del uso de la razón es una característica del misticismo pagano. Son estos místicos, o la ignorancia, quienes dicen que la razón es la peor enemiga de la espiritualidad. El misticismo pagano es enemigo de la razón.

El otro aspecto que preocupa a Stott es el de los sonidos de animales que están relacionados con la risa. Los informes que vienen de Toronto hablan de personas imitando a animales.

Una experiencia que convierta al hombre en animal sería una evolución a la inversa. Las experiencias religiosas, si son cristianas, tienen la finalidad de enriquecer al hombre, de mejorarlo, de hacerlo más semejante al que lo creó,[37] nunca de hacerlo retroceder. El fenómeno de los animales, aun como simbolismo, es absurdo.

En una reciente visita al sur de Suecia comenté lo de la risa de Toronto con un pastor y me dijo que ya eso era viejo. Lo que está ahora de moda, me explicó, es hacer como los pollos. Mi amigo, para ilustrar, hizo unos movimientos con la cabeza imitando a un pollo picando maíz. Me dijo que hacen eso hasta que se golpean la frente en una de las picadas y quedan como en éxtasis. También me comentó que rugen como león, imitando al león de la tribu de Judá atacando a las malicias espirituales. ¡Hasta que nivel se puede descender!

Con relación al fenómeno de la risa en particular algunas preguntas deben plantearse. ¿Reclaman ellos que la experiencia es normativa? ¿Seguido a la experiencia se producen cambios positivos permanentes en la conducta de quienes tienen la experiencia? ¿La calidad de servicio cristiano es superior después de la experiencia? Si la respuesta a la primera pregunta es negativa, y las respuestas a las últimas son afirmativas, no creo que deba prestársele mucha atención al fenómeno, sino mirarlo como una curiosidad religiosa más.

Como ha dicho el obispo Kennedy: «las modas vienen y las modas van, pero la Palabra de Dios permanece para siempre».

4. Guerra espiritual.

En un Congreso en Lima auspiciado por el Concilio Evangélico del Perú yo hice mención, en una de las conferencias, de la llamada guerra espiritual. Luego alguien me comentó que estaban diciendo que yo no creía en la guerra espiritual. En la próxima conferencia yo expliqué que mi problema no era con la guerra espiritual, sino con la gente que descubrió el otro día algo que aparece categóricamente en la Epístola a los Efesios, un documento que se escribió en el primer siglo.

No creo que el diablo sea peor ahora que cuando lo echaron del cielo. Los demonios, hasta donde mi información llega, no se reproducen. Hoy hay la misma cantidad que cuando los echaron del cielo.

El diablo es un personaje frente al cual los cristianos deben estar atemorizados, a juzgar por lo que dicen algunos expertos en la guerra espiritual. El diablo es sacado de proporción en tal manera que parecería que se le rinde culto. Otro aspecto de la guerra espiritual con el que tengo problemas es el concepto de maldiciones ancestrales y lo que llaman puntos de apoyo del diablo. Para mí esto es pura fantasía religiosa, para no decir superstición pagana, que sería más adecuado.

La otra cosa que me llama la atención con la guerra espiritual es la súper especialización a que la fantasía ha llevado a algunos. A continuación una lista de algunas de las especializaciones que aparecieron en una propaganda que yo recibí.[38]

Cartografía espiritual. Esta especialización se encarga de hacer mapas de las concentraciones de demonios, es una especie de demoniografía. Pienso que para establecer la población demoníaca usarán un demoniómetro.

Afinamiento de puntería. Después que la cartografía establece la densidad demoníaca esta especialización enseña a tomar bien la puntería para eliminar estas concentraciones infernales.

Otros se especializan en la derribación de puntos de apoyo del diablo. Un ejemplo de un punto de apoyo del diablo es el siguiente. Alquilas o compras una casa. Los anteriores dueños tenían la imagen de un ídolo en una de las habitaciones. No es suficiente que se hayan llevado la imagen. El hoyito que dejó el clavo donde estaba colgada la imagen es un punto de apoyo del diablo y debes buscar a un especialista que hará un exorcismo para neutralizar este punto de apoyo del diablo.

Hay expertos en oración en contra de los espíritus que controlan las naciones.[39] Expertos en remoción de las maldiciones hereditarias. Esta especialidad tiene que ver con la «genética espiritual». Esta idea raya en lo herético. Cuando uno viene a Cristo es una nueva criatura, independiente a quiénes hayan sido los antepasados. La persona tiene una herencia de conducta, lo que llaman los psicólogos transferencia generacional, también una herencia genética, pero no de maldiciones en el sentido espiritual.

Expertos en dominación espiritual sobre tus finanzas. Con esta especialización te puedes hacer rico sin trabajar ni administrar bien el dinero, solo tienes que creer y reprender al demonio de pobreza. Por fe te declaras libre de deudas. Yo vi en la televisión a un predicador decirle a la gente que llenaba un auditorio que levantaran las manos y se declararan, por fe, libres de deudas. Es importante tener en cuenta que esta especialización solo funciona para los especialistas, que hacen dinero con los incautos.

Y la lista continúa. Imagino que para esta fecha ya se hayan agregado otras especializaciones. Ya existe toda una literatura «especializada» acerca de esta disciplina. También periódicamente se celebran seminarios donde los que quieren especializarse pueden recibir el entrenamiento, ofrecido por expertos en la materia, que los capacitará en la logística tanto ofensiva como defensiva. Hasta qué punto de ingenuidad puede llegar la curiosidad religiosa.

¿Cuál es el derivado de todas estas «especializaciones»? Desarrollar en los cristianos codependencia de estos «especialistas». Producir un cristianismo de segunda categoría que desconoce que en Cristo se está completo.[40]

La guerra espiritual es presentada en la Biblia en forma completamente diferente a la literatura popular, que es sensacionalista y supersticiosa.

La Biblia habla del diablo y de sus recursos, pero nunca como teniendo ventaja sobre los cristianos. La Biblia habla de Dios como soberano sobre el diablo y todas las fuerzas del mal, y con claridad meridiana declara que el patrimonio de los cristianos, de todos, no de algunos, es el de los hijos de Dios. Cristo dijo: «... Toda potestad me es dada en el cielo y en la tierra».[41] «Yo veía a Satanás caer del cielo como un rayo. He aquí os doy potestad de hollar serpientes y escorpiones, y sobre toda fuerza del enemigo, y nada os dañará. Pero no os regocijéis de que los espíritus se os sujetan, sino regocijaos de que vuestros nombres están escritos en los cielos».[42] El salmista dice: «Aquel que habita a la sombra del Altísimo, se mantendrá estable e inamovible bajo la sombra del Todopoderoso [cuyo poder ningún enemigo puede resistir]».[43]

El capítulo seis de la carta de Pablo a los Efesios es el mejor documento cristiano sobre la guerra espiritual. El que estudia este pasaje con seriedad espiritual e intelectual no necesita ir a la Facultad de Guerra Espiritual.

«Por lo demás, hermanos míos, fortaleceos en el Señor, y en el poder de su fuerza. Vestíos de toda la armadura de Dios, para que podáis estar firmes contra las asechanzas del diablo. Porque no tenemos lucha contra sangre y carne, sino contra principados, contra potestades, contra los gobernadores de las tinieblas de este siglo, contra huestes espirituales de maldad en las regiones celestes. Por tanto, tomad toda la armadura de Dios, para que podáis resistir en el día malo, y habiendo acabado todo, estar firmes. Estad, pues, firmes, ceñidos vuestros lomos con la verdad, y vestidos con la coraza de justicia, y calzados los pies con el apresto del evangelio de la paz. Sobre todo, tomad el escudo de la fe, con que podáis apagar todos los dardos de fuego del maligno. Y tomad el yelmo de la salvación, y la espada del Espíritu, que es la palabra de Dios; orando en todo tiempo con toda oración y súplica en el Espíritu, y velando en ello con toda perseverancia y súplica por todos los santos; y por mí, a fin de que al abrir mi boca me sea dada palabra para dar a conocer con denuedo el misterio del evangelio, por el cual soy embajador en cadenas; que con denuedo hable de él, como debo hablar».[44]

En este pasaje tenemos una descripción de la guerra espiritual y de los recursos que están a disposición del cristiano, cuyo uso garantiza la victoria.

La primera cosa que hace el apóstol es establecer el lado positivo en esta guerra: «hermanos míos, fortaleceos en el Señor, y en el poder de su fuerza. Vestíos de toda la armadura de Dios, para que podáis estar firmes contra las asechanzas del diablo». Para que «podáis estar firmes». La guerra espiritual, como se plantea en la Biblia, no es una guerra en la que el cristiano va a ver como sale, sino una guerra en la que el enemigo contra quien él lucha ya está vencido. Lo que el cristiano hace es articular esa victoria, con su fe y su conducta. La logística de Pablo es admirable. Primero los recursos que aseguran el triunfo, después el enemigo. De esta manera se neutralizan la intimidación y el temor, armas predilectas del enemigo en esta guerra.

La fuente de la fuerza en esta guerra es el Señor, quien dijo: «Toda potestad me es dada en el cielo y en la tierra».[45] Dependencia absoluta en su fortaleza es la clave del triunfo. Esta dependencia no es patrimonio de un pequeño grupo de privilegiados o especialistas, sino herencia de todos los hijos de Dios. Pero esta dependencia no es una abstracción o mera apariencia mística. Esta dependencia es concreta, dinámica. Esta dependencia es conducta. «Vestíos de toda la armadura de Dios». Pablo vierte la acción del fortalecimiento en el Señor en la figura de la armadura de un soldado cuyas partes pasa a describir.

1) «Estad, pues, firmes».

La primera consideración es la posición de firmeza del soldado. En la guerra espiritual el descuido, la indecisión, la ambivalencia, la dobleza de ánimo son fatales.[46] «Cuando se cumplió el tiempo en que él [Cristo] había de ser recibido arriba, afirmó su rostro para ir a Jerusalén».[47] La afirmación «afirmó su rostro» indica firmeza de propósito, resolución. El profeta Isaías tiene una actitud similar: «Porque Jehová el Señor me ayudará, por tanto, no me avergoncé; por eso puse mi rostro como un pedernal, y sé que no seré avergonzado».⁴⁸ «Afirmó su rostro» en el caso de Cristo y «puse mi rostro como un pedernal» en el caso de Isaías son equivalentes. Ambos casos son una expresión de firmeza. El diablo se ríe de los cristianos pusilánimes, pero sabe que con los cristianos firmes está perdido. «Vuestro adversario el diablo, como león rugiente, anda alrededor buscando a quien devorar; al cual resistid firmes en la fe».⁴⁹ «Someteos, pues, a Dios; resistid al diablo, y huirá de vosotros».⁵⁰

2) *«Ceñidos vuestros lomos con la verdad».*
Un aspecto fundamental en la guerra espiritual es la ética cristiana. El histrionismo religioso, la apariencia de piedad y aun la recitación de fórmulas exorcistas no tienen ningún valor en la guerra con el diablo. Satanás solo retrocede frente a lo auténtico. Este principio quedó dramáticamente demostrado en la experiencia de unos judíos vagabundos contemporáneos de Pablo. «Pero algunos de los judíos, exorcistas ambulantes, intentaron invocar el nombre del Señor Jesús sobre los que tenían espíritus malos, diciendo: Os conjuro por Jesús, el que predica Pablo. Había siete hijos de un tal Esceva, judío, jefe de los sacerdotes, que hacían esto. Pero respondiendo el espíritu malo, dijo: A Jesús conozco, y sé quién es Pablo; pero vosotros, ¿quiénes sois? Y el hombre en quien estaba el espíritu malo, saltando sobre ellos y dominándolos, pudo más que ellos, de tal manera que huyeron de aquella casa desnudos y heridos».⁵¹ Lamentablemente son numerosos los casos de predicadores, especializados en la represión de demonios, que han caído de manera estruendosa. Han vivido representando una mentira y el diablo, aunque es mentiroso desde el principio, no respeta a los mentirosos. La hipocresía es uno de los facilitadores más efectivos del diablo en su guerra contra la iglesia. El hipócrita es uno de los caracteres que Cristo atacó con más vigor. Según algunos eruditos del Nuevo Testamento la palabra hipócrita es la más dura que se

usa en el Nuevo Testamento y Jesucristo es el único que la usó. Con dolor tengo que reconocer, después de casi cincuenta años en el ministerio cristiano, que muchos de los que se llaman cristianos viven una vida de hipocresía. Hace algunos años una psicóloga cristiana me dijo que había liberado a un pastor poseído por demonios. Ella cree que los cristianos pueden ser poseídos por demonios. Yo no creo tal cosa. Yo le dije que no tenía dificultades conque el hombre fuera pastor, que con lo que tenía problemas era conque ese pastor fuera cristiano si estaba endemoniado. La Biblia es categórica cuando declara que no hay comunión entre la luz y las tinieblas.[52] El elemento ético es de cardinal importancia en la guerra espiritual.

3) «Y vestidos con la coraza de justicia».

El significado de esta pieza de la armadura es similar al de la anterior. Aquí no se trata de la justicia de Dios que cubre al cristiano, sino del producto de esa justicia en la conducta del cristiano. Un Dios justo produce hijos justos. Con esta figura Pablo insiste en la importancia de la vida ética en la guerra espiritual. En la vida cristiana la conducta ética no es una opción. «Para el hombre en Cristo la vida ética no es la vida obligatoria, sino más bien la única vida».[53]

4) «Y calzados los pies con el apresto del evangelio de la paz».

Paz parecería paradójico como arma de guerra. Pero en el contexto cristiano no lo es. La guerra contra las malicias espirituales de este mundo se hace con la proclamación del Evangelio de Paz. El soldado cristiano no es mensajero de destrucción, sino de restauración. Además, el cristiano, aunque está en medio de una guerra sin cuartel, no tiene la angustia del que desconoce el desenlace de la batalla. Él sabe como terminará todo. «Hazme guiado según tu consejo, y después me recibirás en gloria».[54] La imagen del calzado se refiere a la firmeza del soldado en esta guerra de paz.

5) *«Sobre todo, tomad el escudo de la fe, con que podáis apagar todos los dardos de fuego del maligno».*
Estos dardos eran unas pequeñas flechas con estopa y brea en la punta. La intención era que se engancharan en la armadura del soldado y la inflamaran obligando al soldado a quitársela y dejar el pecho al descubierto. Sin armadura el soldado era vulnerable a flechas mayores o lanzas. La fe sirve de escudo donde los dardos se apagan. Los «dardos de fuego» pueden ser pensamientos, o circunstancias de provocación que, si no se apagan rápido con las convicciones cristianas, pueden hacer que el cristiano se quite la armadura y se convierta en presa fácil. Aquí es importante una teología sana. La victoria que vence al mundo es nuestra fe.[55]

6) *«Y tomad el yelmo de la salvación, y la espada del Espíritu, que es la palabra de Dios».*
Recibid da mejor la idea que tomad. El yelmo y la espada eran las dos piezas de la armadura que el soldado no tomaba sino que un ayudante le daba después que el soldado se había puesto las otras piezas. Es importante notar que el yelmo protege la cabeza, asiento de las ideas y de los pensamientos. En la guerra con las fuerzas demoníacas, la certidumbre de que somos salvados por la gracia de Dios nos hace invulnerables a los ataques del diablo. Dios guardará lo que él ha salvado con su propia vida. Nuestra salvación garantiza que el diablo no puede hacernos daño. «Mis ovejas oyen mi voz, y yo las conozco, y me siguen, y yo les doy vida eterna; y no perecerán jamás, ni nadie las arrebatará de mi mano. Mi Padre que me las dio, es mayor que todos, y nadie las puede arrebatar de la mano de mi Padre».[56] La espada del Espíritu es la articulación de las Sagradas Escrituras. La logística de Cristo en su

guerra con el diablo fue el uso de la Palabra de Dios. El arma elegida por Cristo fue: «Escrito está».[57] Lo que es efectivo en la guerra con las fuerzas espirituales de maldad es la palabra de Dios, no nuestras ideas. Una vez más insisto en la importancia de una cosmovisión bíblica.

7) «Orando en todo tiempo con toda oración y súplica en el Espíritu, y velando en ello con toda perseverancia y súplica».

Paralelo a «orando en todo tiempo» es «orad sin cesar».[58] Evidentemente esto no puede significar estar de rodillas todo el tiempo. Aunque la oración formal no se descarta, ya sea en el templo o en la casa. De pie o de rodillas. Mi opinión es que la intención del pasaje es dependencia en Dios. Comunión con el Altísimo. En la guerra espiritual el soldado no puede, ni por un momento, interrumpir su comunión con aquel que le llena de poder. La vida de comunión es vida de oración. La comunión, aun sin la oración formal, es efectiva. La oración formal, sin comunión, es un ejercicio fútil. Es saber, constantemente, que «en él vivimos, y nos movemos».[59] Que «El ángel del Señor acampa alrededor de los que le temen y los defiende».[60]

Leí, hace algunos años, la historia de un militar. Este hombre cuenta que estando de visita en una ciudad tuvo una emergencia médica. Trató que lo admitieran en dos hospitales, pero en ambos lo rechazaron. Él tenía que ir a un hospital militar. Lo llevaron a otra ciudad y lo admitieron en un hospital de la marina, rama de las fuerzas armadas a la que él pertenecía. Cuando los médicos lo estabilizaron el hombre repentinamente se alarmó. Se da cuenta de momento que durante la crisis no había orado pidiendo la ayuda de Dios. ¿Cómo es posible, que si yo soy cristiano, no haya acudido al Señor? Se alarmó al hacerse esta pregunta. Sigue relatando este hombre que enseguida lo invadió una profunda paz. Pensó que no había hecho una oración formal porque siempre estuvo consciente de que Dios estaba con él.

«Súplica por todos los santos y por mí, a fin de que al abrir mi boca me sea dada palabra para dar a conocer con denuedo el misterio del evangelio».

Una de las ventajas que se le ha dado al diablo es la desunión del pueblo que se llama de Dios. Está ausente un sentido corporativo, de universalidad. Cada uno con su feudo aparte. No hemos entendido «que si un miembro padece, todos los miembros se duelen con él, y si un miembro recibe honra, todos los miembros con él se gozan».

Es probable que Pablo, al dar estas instrucciones, esté pensando en la falange; formación militar de su tiempo con la que sin duda él estaba familiarizado. Los soldados ponían escudo con escudo y hacían una muralla infranqueable. Estas fuerzas de infantería eran temidas por el enemigo.

El apóstol sabe que una iglesia unida es una poderosa arma, temida por las fuerzas del mal. Una iglesia desunida es presa fácil.

Otras armas, en el arsenal del cristiano, en la guerra espiritual son Santiago 4:7: «Someteos, pues, a Dios; resistid al diablo, y huirá de vosotros». 1 Pedro 5:6-9: «Humillaos, pues, bajo la poderosa mano de Dios, para que él os exalte cuando fuere tiempo; echando toda vuestra ansiedad sobre él, porque él tiene cuidado de vosotros. Sed sobrios, y velad; porque vuestro adversario el diablo, como león rugiente, anda alrededor buscando a quien devorar; al cual resistid firmes en la fe». 1 Juan 5:18: «Sabemos que todo aquel que ha nacido de Dios, no practica el pecado, pues Aquel que fue engendrado por Dios le guarda, y el maligno no le toca».

5. Teología de la prosperidad.

Uno de los versículos clave para los «teólogos» de la prosperidad es: «El anciano a Gayo, el amado, a quien amo en la verdad.

Amado, yo deseo que tú seas prosperado en todas las cosas, y que tengas salud, así como prospera tu alma. Pues mucho me regocijé cuando vinieron los hermanos y dieron testimonio de tu verdad, de cómo andas en la verdad».[61] Y el personaje bíblico ejemplar es Abraham. «Abraham era riquísimo en ganado, en plata y en oro».[62] No sé como acomodan a su teología las siguientes palabras de Cristo: «Las zorras tienen guaridas, y las aves del cielo nidos; mas el Hijo del Hombre no tiene dónde recostar su cabeza».[63] Es importante notar la coyuntura en que Cristo dice estas palabras. Un escriba le dijo al Señor que quería servirlo. Parece que Cristo le está advirtiendo «si quieres seguirme no pienses que te vas a hacer millonario».

La prosperidad del cristiano debe derivar del trabajo honesto y la buena administración. No de fórmulas mágicas. El hijo de Dios cree que su Padre prosperará su labor.

Existe en el extremo opuesto de la teología de la prosperidad el complejo de pobreza. Se puede hablar, inclusive, de una cultura de pobreza. Una persona cristiana no debe aceptar el fatalismo de la pobreza. El hijo de Dios no debe aceptar resignadamente circunstancias que él puede cambiar. La prosperidad no es incompatible con la piedad. El cristiano debe tener aspiraciones. Debe educarse. Debe luchar para mejorar sus condiciones de vida. El voto de pobreza no es un requerimiento cristiano. Lo condenado por Dios es la avaricia.

6. Mesianismo.

Otra de las novedades de los últimos años son las llamadas iglesias mesiánicas. Aunque estos grupos son recientes, la orientación que tienen es antiquísima. Su origen se encuentra en el siglo primero. «Predicadores conservadores estaban persuadiendo a los gálatas de que la fe no era suficiente para asegurar el reino de Dios. Además de creer que Jesús era el Mesías, uno debía unirse a la nación judía, observar las leyes y costumbres de Moisés y rechazar comer con los gentiles (Gá 2:11-14; 4:10). Uno tiene que tener a

Cristo y a Moisés, fe y circuncisión, gracia y ley. Pablo insiste que tiene que ser uno de los dos, Moisés o Cristo (Gá 5:2-6)».[64]

Tratemos primero el nombre. Cuando se habla de iglesias mesiánicas se demuestra ignorancia tanto del cristianismo como del judaísmo. El mesianismo es un fenómeno judío, no cristiano. Estas iglesias no son mesiánicas sino judaizantes.

Conceptualmente, cristianismo mesiánico es un absurdo. Estos grupos no son sino un intento de judaizar a la iglesia, algo que se pretendió en el siglo primero y que fue enérgicamente condenado por el apóstol Pablo.

Los movimientos mesiánicos son, en la opinión del erudito judío Marc Saperstein, una categoría de la experiencia histórica judía. «El término mesiánico implica, entre otras cosas, la expectación de llevar a cabo un cambio fundamental en la actual situación de la vida judía: el fin de la dispersión de los judíos y de la opresión de los poderes extranjeros; el recogimiento de los judíos en su patria ancestral, la tierra de Israel; el restablecimiento de las instituciones clásicas del antiguo judaísmo (templo, Sanedrín, profecía, soberanía de la línea davídica), y, quizá, la reforma de la sociedad judía de acuerdo con los altos ideales de justicia social y de las relaciones internacionales de acuerdo con el sueño universal de paz. Para que un movimiento sea considerado mesiánico no necesita tener un programa orientado a la directa consecución de todos estos ideales, pero sus líderes y seguidores deben comprender su programa como necesario para que produzca el contexto en el cual estos objetivos sean satisfechos».[65]

Mesianismo también puede referirse a la esperanza judía del ungido (Mesías) que Dios enviaría para llevar a cabo las cosas que enumera el profesor Saperstein.

Las llamadas iglesias mesiánicas no corresponden a las categorías mencionadas. La Epístola a los Gálatas se origina como la respuesta de Dios a los primeros que intentaron gravar al cristianismo con tradiciones judías.

Los cristianos no tienen que observar ninguna de las festividades o costumbres de los judíos; a menos que pertenezcan a esta etnia y lo hagan por razones culturales. Pero, por motivos religiosos, ni aun los cristianos judíos tienen que observar el Antiguo Testamento. «Por tanto, nadie os juzgue en comida o en bebida, o en cuanto a días de fiesta, luna nueva o días de reposo, todo lo cual es sombra de lo que ha de venir; pero el cuerpo es de Cristo».[66] Para su salvación los cristianos no tienen que convertirse al judaísmo, son los judíos los que tienen que convertirse al cristianismo.

En la actualidad, la agencia que Dios utiliza para la salvación de la humanidad es la iglesia, no el pueblo de Israel. Al rechazar al Señor la nación hebrea cayó bajo el juicio de Dios. «¡Jerusalén, Jerusalén, que matas a los profetas y apedreas a los que te son enviados! ¡Cuántas veces quise juntar a tus hijos, como la gallina a sus polluelos debajo de sus alas, y no quisiste! ... Vuestra casa os es dejada desierta; y os digo que no me veréis, hasta que llegue el tiempo en que digáis: Bendito el que viene en nombre del Señor».[67]

Los judíos del tiempo de Cristo desarrollaron un etnocentrismo que los llevó a pensar que Dios los escogió porque había en ellos algo inherente que los calificaba. Juan el Bautista les dijo que estaban equivocados.

«Producid, pues, frutos dignos de arrepentimiento, y no penséis decir dentro de vosotros mismos: "A Abraham tenemos por padre", porque yo os digo que Dios puede levantar hijos a Abraham aun de estas piedras. Además, el hacha ya está puesta a la raíz de los árboles; por tanto, todo árbol que no da buen fruto es cortado y echado al fuego».[68]

Tratemos ahora lo que se refiere a la celebración de las fiestas judías. La iglesia cristiana no tiene un calendario religioso, el judaísmo sí. A lo único que los cristianos están obligados del Antiguo Testamento es a lo que está incorporado en el Nuevo Testamento.

Aun las celebraciones que algunas iglesias tienen son extrabíblicas. Ninguna obedece a un mandato del Nuevo Testamento. En la fe cristiana no hay ningún día sagrado o especial. Todos los días son iguales.[69] Cuaresma, Adviento, Viernes Santo, día de Pentecostés, Domingo de Resurrección, Navidad, para mencionar algunos. Todo esto lo fue agregando la iglesia a su vida religiosa. Nada de ello es mandamiento divino. Eso no significa que la iglesia no pueda tener un calendario de celebraciones religiosas, siempre que no lo haga parte integral de la fe. Una cosa es querer celebrar y otra tener que celebrar.

Los que se encuentran fascinados por las iglesias mesiánicas deben leer de nuevo la Epístola a los Gálatas. Nadie que lea este documento puede ser confundido por las pretensiones de los mesiánicos. El lenguaje de Gálatas es categórico, incisivo y de grave advertencia. «!Gálatas insensatos!, ¿quién os fascinó para no obedecer a la verdad, a vosotros ante cuyos ojos Jesucristo fue ya presentado claramente crucificado? Esto solo quiero saber de vosotros: ¿Recibisteis el Espíritu por las obras de la Ley o por el escuchar con fe? ¿Tan insensatos sois? Habiendo comenzado por el Espíritu, ¿ahora vais a acabar por la carne? ... Estad, pues, firmes en la libertad con que Cristo nos hizo libres y no estéis otra vez sujetos al yugo de esclavitud ... De Cristo os desligasteis, los que por la Ley os justificáis; de la gracia habéis caído ...Vosotros corríais bien. ¿Quién os estorbó para no obedecer a la verdad? Esta persuasión no procede de aquel que os llama ... Yo confío respecto de vosotros en el Señor, que no pensareis de otro modo; pero el que os perturba llevará la sentencia, quienquiera que sea ... ¡Ojalá se mutilaran los que os perturban! ... Vosotros, hermanos, a libertad fuisteis llamados; solamente que no uséis la libertad como ocasión para la carne».[70]

El apóstol Pablo llama a los judaizantes «perturbadores». La labor de esta gente crea cisma en la iglesia y ansiedad en las personas que no están bien informadas bíblicamente. Hay familias que han sido divididas debido a la penetración de esta gente.

El judaizante no es un siervo de Dios. La Biblia es categórica en este respecto: «Esta persuasión no procede de aquel que os llama».[71] Además, la Biblia es también enérgica con lo que espera a los judaizantes: «Yo confío respecto de vosotros en el Señor, que no pensaréis de otro modo; pero el que os perturba llevará la sentencia, quienquiera que sea».[72]

¿Son los judaizantes gente bien intencionada, pero ignorante? En algunos casos, si uno acepta las reclamaciones que ciertos líderes hacen, la respuesta es negativa, por lo menos en lo que se refiere a la ignorancia. Algunos hablan de su erudición bíblica y de haber descubierto el mesianismo después de mucha investigación. La ignorancia, por lo tanto, está descartada por propia confesión.

La palabra «fascinó» que usa Pablo en Gálatas 3:1 tiene serias implicaciones. «La palabra denota un ojo malo o alguna maligna influencia de igual naturaleza; la infatuación de algunos gálatas en esta crisis es atribuida al funesto poder destructivo de algún poder maligno».[73] La versión King James la traduce «bewitched» [embrujado].

Si en los judaizantes modernos hay ignorancia, malicia o simple aprovechamiento de la ingenuidad religiosa de algunos cristianos es quizá un juicio que nosotros no tenemos que hacer. Pero, lo que es seguro es que esa gente no está dirigida por el Espíritu Santo. La labor judaizante es un error y, la promesa del Señor fue: «Pero cuando venga el Espíritu de verdad, él os guiará a toda la verdad...»[74] El Espíritu Santo no puede guiar al error.

El furor «mesiánico» pasará, como han pasado otras modas que han surgido en la iglesia. Los cristianos bien fundados en la Palabra de Dios no serán movidos. Solo aquellos que no siguen el consejo apostólico de Pablo: «No seamos niños fluctuantes, llevados por doquiera de todo viento de doctrina».[75]

Capítulo Seis

Corrección del error metodológico

Saltar del siglo XXI al siglo I y peregrinar del I al XXI

Lo que se ha enumerado en la sección anterior ha tenido un efecto deformador de la fe cristiana. Cuando el hombre se encuentra con la fe, peregrinando a través de dos mil años de tradición no encuentra la Palabra de Dios, sino la palabra del hombre. La palabra de la institución, la palabra de los intereses creados.

Para corregir el error de método al que he hecho alusión, la peregrinación tiene que hacerse a la inversa. En vez de peregrinar del siglo veinte al siglo primero, a través de dos mil años de tradición, la peregrinación tiene que hacerse del siglo primero al presente.

Debe darse un salto al siglo primero, a la fuente de la fe y de allí, en la manera más objetiva posible, peregrinar al siglo veinte teniendo como guía «la fe una vez dada a los santos». De esta manera hablará siempre Dios y nunca el hombre. Que sea el Nuevo Testamento, fuente de la fe, el que critique a la historia y a la tradición y las someta; y no estas a aquel. De esta forma hablaría siempre Dios y nunca el hombre. La iglesia no pondría sus palabras en la boca de Dios, sino Dios las suyas en la boca de la iglesia.

Esto, sin embargo, requiere una honesta y científica gestión hermenéutica, donde piedad y erudición unan fuerzas. Ni una piedad que ignora la complejidad bíblica ni una erudición que ignora el nivel confesional de la fe. Debe ser una fe que piensa y una razón que cree. Erudición y piedad combinadas para la gloria de Dios.

En una hermenéutica erudita y piadosa debe reconocerse la importancia que las herramientas exegéticas tienen para la comprensión del mensaje bíblico, así como los límites de estas y el legítimo papel que debe jugar el Espíritu Santo. La combinación ideal es técnica y dependencia en el Espíritu Santo.

Para que Dios sea el que hable siempre y no el hombre, es imperativo el deslinde de forma y esencia en los documentos bíblicos. La esencia tiene que ser distinguida de las formas y vehículos de comunicación social que fueron utilizados para expresarla, y de las tradiciones que la iglesia ha producido, tanto en el período neotestamentario como fuera de este.

La iglesia fue desarrollando modos que la repetición convirtió en tradiciones y el tiempo las fundió a la esencia de la fe. Los que se encuentran más tarde con la fe confunden una cosa con la otra. De este modo se fueron asentando sobre la fe una vez dada a los santos estratos sobre estratos de tradiciones.

Esto hace imperativo que lo esencial de la fe sea separado de todo lo que se le fue adhiriendo en su transmisión de una cultura a otra y de una generación a otra.

Lamentablemente existen grupos cristianos que en su culto a la forma, casi obsesivo, sacrifican la esencia, y el evangelio queda desvirtuado.

Corrección del error metodológico

Estoy consciente que, para la gestión hermenéutica que propongo, hace falta valor y compromiso con la verdad. En el camino se tendrá que sacrificar más de una vaca sagrada. Se tendrán que abandonar ideas y prácticas que una vez quizá fueron sagradas para nosotros, pero que ya cumplieron su función o que hemos descubierto que no tienen respaldo bíblico y que nunca debieron ser partes de la enseñanza de la iglesia.

El precio de esta gestión puede que incluya el ostracismo, el quedar uno solo. El vivir bajo el índice acusador de los que piensen que uno está corrompiendo la sana doctrina. El ser condenado como hereje. Ser excluido de algunos púlpitos y asociaciones de pastores, donde si te apareces te mirarán con recelo. Algunos no están dispuestos a pagar este precio. Otros prefieren la seguridad de lo que han practicado por años. Cuando llevas mucho tiempo en la oscuridad la luz te intimida.

En un almuerzo con pastores en América del Sur donde estábamos discutiendo sobre la forma y la esencia del evangelio se planteó la pregunta de qué hacer con las enseñanzas llevadas por misioneros y que pudieran estar equivocadas. Yo dije que debía agradecerse a los misioneros su vida de servicio, pero que si había habido enseñanza equivocada tenía que reconocerse el error y cambiar de postura. Un pastor dijo que él no quería cambiar, que no le interesaba cambiar y que no iba a cambiar. La ignorancia ofrece seguridad a algunas personas. Lo familiar las hace sentirse seguras, lo desconocido o lo nuevo las aterra. La educación tiene sus riesgos. Probablemente la mejor definición de educación que yo conozco es la siguiente: «Educación es la peregrinación de la certidumbre de la ignorancia a la incertidumbre del conocimiento».

Recuerdo una ilustración del Evangelio que el Dr. Alfonso Rodríguez Hidalgo expuso a un grupo de pastores reunidos en la ciudad de Nueva York hace varias décadas. El maestro Alfonso dijo que el Evangelio era como el agua. Si la viertes en un vaso toma la forma del vaso. Si de allí la echas en un plato toma la forma del plato. Si de allí la echas en una jarra toma la forma de la jarra. Pero, al final, cuando la analizas, su composición química no se ha alterado. El agua cambió de forma pero no de estructura. La aplicación era que el Evangelio debe tomar la forma del mundo en que se proclama sin perder su pureza esencial. Cambio de forma, nunca de esencia. La forma es histórica, negociable, puede ser sacrificada, la esencia no.

El capítulo once de Primera de Corintios muestra el uso de la cultura en la Biblia y nos da un ejemplo de la ilustración del Dr. Hidalgo.

En el versículo tres el apóstol dice lo que quiere enseñar a los corintios: «Pero quiero que sepáis que Cristo es la cabeza de todo varón, y el varón es la cabeza de la mujer, y Dios la cabeza de Cristo».

La enseñanza aquí tiene que ver con la estructura de la familia. En la economía cristiana el hombre es la cabeza.

Esta idea del hombre como cabeza ha dado lugar a ideas equivocadas en la relación entre hombre y mujer.

Si en el versículo en cuestión leemos esposa en lugar de mujer tenemos la idea más precisa. El hombre no es cabeza de la mujer en general, sino de su esposa en particular. Pero, aun así, el hombre como cabeza de su esposa ha creado dificultades debido a la mala interpretación del concepto bíblico.

Este versículo no fundamenta, ni remotamente, la idea del machismo. Cabeza aquí no puede referirse a una jerarquía de importancia o dignidad, sino a una posición funcional. Si tuviera que ver con importancia o dignidad tendríamos un grave problema teológico con «y Dios la cabeza de Cristo» porque Dios y Cristo son iguales.

Esposa y esposo son iguales, y entre iguales no hay superiores. Pero, para que haya orden uno debe tomar la representación de ambos. En el caso de la familia cristiana el hombre tiene este papel. Pero la posición del hombre como cabeza no deriva de que

Corrección del error metodológico

este esté dotado de algo que le falta a la mujer. El hombre sabio tomará en cuenta la opinión de su esposa.[1] La mujer sabia siempre será discreta en su participación.

No hay ninguna razón científica para que el hombre sea la cabeza. Es más, se puede decir, con toda certidumbre, que hay algunos matrimonios en los que si la mujer fuera la cabeza las cosas saldrían mejor y ambos se habrían ahorrado dolores de cabeza. ¿Por qué escogió Dios al hombre? Porque tenía que escoger a uno de los dos, tan simple como eso. Pudo haber escogido a la mujer. El hombre como cabeza es una decisión arbitraria de Dios. Es un acto unilateral, autocrático, de parte del Altísimo, en legítimo ejercicio de su soberanía. Esta acción divina, sin embargo, no autoriza al hombre para tratar a su esposa e hijos como si fueran objetos, sin opinión, sin sentimientos, carentes de inteligencia para opinar. La elección del hombre como cabeza no implica superioridad en ningún nivel.

Cuando vivíamos en Nueva York, al contemplar la idea de mudarnos para Puerto Rico tuve una reunión de familia para discutir la idea. Cuando llevé a votación el plan de mudarnos Dany, el menor, aunque solo estaba en primer grado, dijo que él votaba a favor de mudarnos si lo ponía en una escuela en inglés. Yo le dije que lo trataría. El tiempo que estuvimos en Puerto Rico tuve que manejar cada día una gran distancia para ponerlo en una escuela donde la enseñanza era en inglés. Yo quería que mis hijos supieran que sus deseos y opiniones eran importantes y que siempre que se pudiera yo los tendría en cuenta.

No obstante, aun entendido en ese sentido funcional, si la esposa es una mujer insegura resentirá la dirección de su esposo. Se necesita madurez emocional para poder sujetarse a otra persona, sea una situación de familia, de trabajo o de iglesia. También para dirigir se necesita madurez. Un esposo, un padre, o un jefe inmaduro crearan muchos problemas para sí mismos y para quienes dirigen. Aquel cuya autoestima no sea saludable siempre se verá amenazado, dirigiendo o siendo dirigido.

Expresada categóricamente la enseñanza, Pablo pasa a incorporarla en símbolos de la cultura helénica, a la que pertenecen los corintios, utilizando el cabello y el velo.

Es importante notar el dominio sociológico del concepto cultura que tenía Pablo. Para los judíos era honroso que el hombre se dejara crecer el cabello como voto especial a Dios (nazareo). Los griegos daban un significado distinto al cabello en el hombre.

El apóstol, aunque afirma ser hebreo de hebreos, no considera su cultura ni sagrada ni universal y al escribir a los griegos usa valores griegos para expresar los valores de Dios.

Este tacto cultural del apóstol es del que ha carecido la mayoría de los misioneros al confundir la fe cristiana con su cultura.

En 1956 visitó la iglesia donde yo trabajaba como pastor asociado en Cuba un joven norteamericano que estudiaba en un seminario de Estados Unidos. Este joven estaba en Cuba para tener una experiencia de lo que llamaba «campo misionero», como si su país no fuera también un «campo misionero». Este muchacho, típicamente norteamericano, me dijo que estaba en Cuba para convertir paganos. Esto me pareció soberbio y le pedí que repitiera a qué había venido a Cuba. Él volvió a decirme que a convertir paganos. Yo entendí que él aparentemente pensaba que había abandonado la civilización para venir a la selva, y le dije que cuando en el país de donde él venía los indios usaban taparrabos y cazaban búfalos con flechas, ya en La Habana teníamos una universidad que tenía fama en Europa. Le volví a preguntar, con cierto tono de voz ¿a qué tú dices que vienes a Cuba? El muchacho, medio asustado, entendió su altivez cultural y rectificó.

Afortunadamente, aunque tarde y todavía no en forma generalizada, algunos seminarios están incluyendo en sus currículos estudios transculturales; y algunas entidades misioneras, en un

Corrección del error metodológico

esfuerzo loable por superar su etnocentrismo y soberbia cultural, están tratando de concientizar a sus candidatos en el respeto a las culturas a donde van a servir. Finalmente están comprendiendo el axioma antropológico: las culturas son diferentes, pero ninguna superior a la otra.

Veamos el uso que hace Pablo de la cultura. «Todo varón que ora o profetiza con la cabeza cubierta, afrenta su cabeza. Pero toda mujer que ora o profetiza con la cabeza descubierta, afrenta su cabeza; porque lo mismo es que si se hubiese rapado ... Juzgad vosotros mismos: ¿Es propio que la mujer ore a Dios sin cubrirse la cabeza? La naturaleza misma ¿no os enseña que al varón le es deshonroso dejarse crecer el cabello? Por el contrario, a la mujer dejarse crecer el cabello le es honroso; porque en lugar de velo le es dado el cabello».

La «naturaleza», en el sentido que Pablo le da en este pasaje, no es universal ni tampoco lo que se produce espontáneamente, obedeciendo a un orden natural. Naturaleza aquí se usa en el sentido de aceptación social, lo normal. Natural o normal para los griegos. Naturaleza es lo que era socialmente aceptado para la mayoría. La norma social.

Normal es un concepto estadístico que no tiene que ver con bueno o malo, sano o enfermo, sino con mayoría, no es un concepto patológico sino estadístico. Cuando a una persona diagnosticada con padecimiento mental se le llama anormal no se está usando un término médico para describir su condición, sino un término social para indicar su conducta con relación al resto de la población.

Pongamos un ejemplo. En un hospital de enfermos mentales hay una población de quinientos pacientes, veinte psiquiatras y cincuenta enfermeras. ¿Cuántos anormales hay en el hospital? La respuesta de muchos sería quinientos, pero la respuesta correcta es setenta. Lo anormal es estar sano. Los normales eran los enfermos porque eran la mayoría, los anormales los sanos porque eran la minoría.

La norma en la sociedad a la que Pablo está escribiendo es que la esposa, para expresar su sujeción al marido, debe usar el pelo largo o cubrirse la cabeza con un velo. Ni el velo ni el pelo tienen un valor intrínseco, solo cultural.

Si Pablo hubiese escrito a los cubanos no habría usado ni velo ni pelo, sino pantalones y les habría dicho: «¿La misma naturaleza no os enseña que la mujer no debe llevar los pantalones, sino el hombre?» A los puertorriqueños habría escrito: «¿La misma naturaleza no os enseña que la mujer no debe sentar a su marido en el baúl?» A los peruanos habría dicho: «¿La misma naturaleza no os enseña que la mujer no debe hacer que al marido le llamen saco largo?» A los de Costa Rica les diría: «¿La misma naturaleza no os enseña que la mujer no debe permitir que al marido le digan que le cantan la gallina?» Así, sucesivamente, cada cultura tendría su equivalente.

¿Le interesa a Dios el pelo, el velo, los pantalones, el baúl, el saco largo, o el canto de las gallinas? ¿Hay algo sagrado en estas cosas? Desde luego que no. Ninguna de ellas tiene intrínsecamente un valor religioso, social, moral, o legal. La cultura es la que imprime el significado. Es la cultura la que lo hace normal o anormal, positivo o negativo. Aceptable o no.

La ignorancia del papel que jugó la cultura en la producción de la Biblia permite que haya grupos cristianos que para expresar su santidad utilicen los patrones griegos de conducta social del siglo primero que usó Pablo con los cristianos helénicos primitivos. Otros con ingenuidad piensan que las melodías judías son la música de Dios.

Algunas congregaciones, por ejemplo, han perpetuado el valor que los griegos daban al pelo y prohíben que sus mujeres se corten el pelo. Otras les exigen que usen velo. Las mujeres que se atreven a desobedecer estas normas son puestas en «disciplina», basándose en las palabras de Pablo a los Corintios. Estas congregaciones están aplicando una norma de la sociedad griega del siglo primero, no un mandamiento de Dios.

Se da el caso de mujeres que mantienen el pelo largo o usan velo, pero gobiernan al marido. En estos casos se respeta la norma social del mundo griego del siglo primero, pero se burla el mandamiento eterno de Dios. Se conserva la forma y se traiciona la esencia. Sería mejor que se cortaran el pelo o no usaran velo pero respetaran al marido.

En la Biblia, Dios utiliza imágenes de la cultura con la que quiere comunicarse para expresar su salvación o sus juicios. Ejemplos de este uso de los valores de una cultura se encuentran en Ezequiel 16:1-14, Isaías 3:16-26 y 1 Timoteo 2:9.

En Ezequiel Dios toma la figura de una mujer sucia tirada a la orilla del camino. Dios la baña y la adorna con joyas en todo su cuerpo. La viste de ropa costosa y arregla su cabello. En Isaías Dios hace lo inverso. En Ezequiel Dios está hablando de su salvación. En Isaías Dios habla de su juicio. Los que hacen una interpretación literal de Isaías se oponen a las joyas y aun al uso de perfumes.

En el pasaje de 1 Timoteo la prohibición de las joyas se debe al uso ostentoso de estas por la sociedad greco-romana. No es una condenación de las joyas per se, sino de la intención con que se usaban.

Para una comprensión correcta del mensaje bíblico es importante tener en cuenta el papel que jugaron las culturas que sirvieron de matriz a la producción de la Biblia.

En exégesis bíblica se ha dicho que para que la palabra de Dios en la Biblia pueda ser escuchada sin adulteración, tres marcos de referencia son necesarios: 1) el del autor del documento, 2) el de los destinatarios del documento, 3) el del que hace la exégesis del documento.

Los autores de los documentos que componen la Biblia reaccionaron a los problemas de su tiempo y utilizaron los valores de su sociedad para expresar la opinión de Dios y responder a los mismos.

Las costumbres y las imágenes usadas en la comunicación social de la época fueron utilizadas por Dios, pero solo como vehículos para revelar su voluntad, no porque tuvieran un valor divino inherente.

Aunque sin los símbolos de la cultura Dios no podría comunicarse con el hombre, esto no convierte a los símbolos en divinos, solo en necesarios.

Hendrikus Berkhof dice lo siguiente: «No con respecto a su esencia, pero ciertamente con respecto a sus manifestaciones la religión está condicionada en muchas formas: geográfica, física, social, cultural, histórica».[2] Paralelo a esto el profesor de la Universidad de Puerto Rico, Francisco Samaranch, en la introducción a su traducción de *Los Deberes de Cicerón* escribe: «Es imposible que una obra no forme parte de las circunstancias en que nace. Nadie escribe en marginación completa de lo que le rodea: la sociedad y su política, la familia y sus problemas».

Para que un mensaje tenga relevancia no puede darse en un vacío situacional. Debe hablar al hombre en su contexto. El hombre es él y su circunstancia. «Yo soy yo y mi circunstancia», dice Ortega y Gasset en sus Meditaciones del Quijote.

Para Dios revelar su voluntad al hombre, tuvo que utilizar la cultura de este como vehículo de comunicación. El mensaje eterno de Dios en la Biblia se nos da incorporado en problemas, modos, símbolos o situaciones contemporáneos a los autores de los documentos. El mensaje tiene un origen divino, pero el vehículo de comunicación es humano, histórico.

Estoy usando cultura en sentido sociológico o antropológico en su definición más simple: la parte del ambiente que el hombre produce.

La cultura provee al hombre una serie de símbolos gráficos, mímicos y orales, así como un sistema de valores y rituales, para que sea posible la comunicación social y la preservación del grupo.

Corrección del error metodológico

Según el axioma antropológico las culturas son diferentes, pero ninguna es superior a la otra. No existe una cultura divina. Dios es un ser acultural. La cultura es un fenómeno humano. Ninguna representa a Dios, ninguna es sagrada en el sentido de tener la franquicia exclusiva de la representación de Dios. Dios usa la cultura del pueblo con quien quiere comunicarse porque esa es la única forma posible de comunicación, pero ello no confiere a esa cultura ningún carácter especial, no la convierte en divina. Cuando el mensaje pasa de ese pueblo a otro, lo que tiene que comunicarse es el mensaje y no el vehículo. La ingenuidad de algunos cristianos ha dado, por ejemplo, a la cultura hebrea una importancia que parecería que Dios es hebreo. Y si se escucha a algunos misioneros de los Estados Unidos, se podría pensar que Dios es norteamericano, del partido republicano y Reagan su profeta.

Dios no tiene nacionalidad. Dios no está más interesado en los problemas de un pueblo que en los de otro. El no hace acepción de personas.

En una ocasión, en la iglesia que pastoreo en Miami, una señora me sugirió que tuviéramos una reunión de oración por el sufrimiento de los cubanos que permanecen en Cuba y los que arriesgan la vida tratando de escapar. Le dije que me parecía una buena idea, pero que deberíamos incluir a los haitianos, quienes también estaban arriesgando la vida al huir de su país.

En mi opinión era inmoral la diferencia que hacía Estados Unidos entre cubanos y haitianos. Cualquier cubano que llegara a territorio americano recibía de inmediato todos los beneficios de un refugiado político. Al haitiano que llegara se le daba una coca cola, se le permitía que descansara un poquito y se le ordenaba que empezara a nadar de regreso.[3] Por supuesto, esta opinión me hace impopular entre algunos de mis compatriotas.

Tuve un breve intercambio de ideas con la señora que había sugerido que tuviéramos la reunión, quien insistía en que la situación cubana era especial. Yo opinaba que la situación cubana no era diferente a la de los haitianos. Ambos huían de sus respectivas islas por la misma razón: hambre. Dicho en cubano porque se estaban comiendo un cable. La señora me dijo:

—Tú no pareces cubano.

Y yo le respondí:

—Yo sí soy cubano, el que no es cubano es Dios.

Dios reconoce al inspirar la Biblia el principio antropológico de que las culturas son diferentes, pero ninguna es superior a la otra. El que interpreta la Biblia debe reconocer lo que reconoce el que la inspiró.

Es importante, al leer la Biblia, distinguir entre la acción del Espíritu Santo sobre una persona y la reacción cultural de la persona a esa acción.

«Y David danzaba con toda su fuerza delante de Jehová; y estaba David vestido con un efod de lino. Así David y toda la casa de Israel conducían el arca de Jehová con júbilo y sonido de trompeta. Cuando el arca de Jehová llegó a la ciudad de David, aconteció que Mical hija de Saúl miró desde una ventana, y vio al rey David que saltaba y danzaba delante de Jehová; y le menospreció en su corazón».[4]

David, como hebreo, danzaba para expresar su fervor religioso, no porque Dios lo hiciera danzar. Pero aun entre los contemporáneos de David todos no estuvieron de acuerdo, como es el caso de Mical su esposa.

Hoy hay quienes cantan «yo quiero danzar como David», como si danzar como David fuera una experiencia espiritual. Desde luego no hay nada malo en querer danzar como un judío, si a la persona le gusta ese estilo. Pero, decir que eso es «danzar en el Espíritu» es otra cosa, porque el Espíritu Santo ni danza ni hace danzar a nadie. En el caso de David su danza era una experiencia religiosa particular expresada culturalmente.

Corrección del error metodológico

Cualquiera puede imitar los modos de una cultura particular para expresar su experiencia religiosa, lo que no es válido es convertir los modos de esa cultura en los modos de Dios.

Uno de los errores, en la aplicación de la Biblia, es utilizar las formas culturales en lugar de sus significados. Las costumbres de los tiempos bíblicos han adquirido la condición de lo sagrado, y los símbolos han tomado el lugar de las realidades que ellos expresan.

La situación se agrava cuando a las formas y costumbres de los tiempos bíblicos se agregan las de las culturas por donde ha viajado el mensaje cristiano a través de veinte siglos; recogiendo pasajeros en cada parada.

En América Latina la música es un buen ejemplo. En algunas iglesias se cantan himnos con melodías populares europeas o norteamericanas a las que se les ha puesto letra con un mensaje cristiano, pero algunos consideran mundano hacer lo mismo con melodías populares autóctonas. Algunos himnos pueden servir como ejemplos. *El Dulce Misterio de la Vida* es un bellísimo himno que usa la melodía de *O Sole Mío*, canción que según un italiano amigo mío, la cantaban los borrachos en las tabernas de Nápoles. El himno *Gloria a la Trinidad* tiene la música del himno nacional de Inglaterra.

En una visita que la autora americana, Julia Howe Ward, hiciera a un campamento del ejército de la Unión, recibió la inspiración para componer el poema «Battle Hymn of the Republic».[5] Publicado en el Atlantic Monthly en 1862, el poema adquirió gran popularidad como el himno de batalla de la guerra civil. La música de ese canto patriótico de guerra es la melodía del himno *Gloria a ti Jesús Divino*.

Yo confieso que hay música llamada cristiana que no me gusta, pero yo hago una diferencia entre mi gusto y la legitimidad cultural de adorar a Dios con las melodías que expresan los sentimientos religiosos de un pueblo. Yo no confundo mis gustos y disgustos con los de Dios o con los de la humanidad.

Capítulo Siete

Tres teologías en conflicto

Bíblica-folclórica-institucional

El que trata de hacer la corrección del error al que me he referido arriba y devolver al Evangelio su sentido esencial, debe remover los estratos con que los siglos le han ido cubriendo. Tiene, además, que enfrentarse a la formidable resistencia de la iglesia organizada que ve sus intereses amenazados y a la de individuos que ven esto como un ataque a la sana doctrina, a sus convicciones o a sus conveniencias personales.

Veinte siglos de tradición han separado de tal manera a los cristianos de la fe cristiana original que cuando se les habla de la fe bíblica creen que uno se ha inventado una nueva religión. Otros, cristianos por muchos años, muestran el asombro de los que escuchan algo por primera vez. Para otro grupo la experiencia es refrescante pues confirma la noción que tenían del Evangelio.

Una señora, después de oírme hablar de la fe cristiana, me dijo que ella sabía que el cristianismo tenía que ser otra cosa. Lo que hace sobresaliente este incidente es que esta señora había sido cristiana desde su juventud.

Al embarcase en la tarea de hacer teología bíblica, el estudiante se encontrará con el choque de tres teologías.
1. Teología Bíblica, 2. Teología Folclórica, 3. Teología Institucional.

1. Teología Bíblica.

A la sistematización de la opinión de Dios contenida en la Biblia se le llama teología bíblica. Si recordamos que la teología bíblica es teología de revelación, nos cuidaremos mucho de agregar nuestras ideas, gustos, disgustos, moral, o experiencias personales a lo que Dios ha revelado en el texto bíblico.

Hacer teología bíblica es articular el pensamiento de Dios. Es organizar lo que aparece en la Biblia en forma fragmentaria y dispersa. Es agrupar, por ejemplo, lo que la Biblia, en diferentes partes, dice acerca de Dios, del pecado, de la salvación, de la fe, de la santidad y darle unidad y coherencia. Solo esta teología puede hablar con autoridad divina. Solo esta puede llamarse teología bíblica. En este sentido es crucial la diferenciación entre lo bíblico y lo que está en la Biblia.

Bíblico, desde el punto de vista de la teología cristiana, según mi comprensión, no es meramente lo que está contenido en la Biblia[1] sino lo que aparece en ella como palabra de Dios.

Para que un concepto sea bíblico no es suficiente que esté en la Biblia pues todo lo que está en la Biblia no es palabra de Dios. Lo bíblico tiene necesariamente que estar en la Biblia, pero todo lo que está en la Biblia no es necesariamente bíblico. Para que sea bíblico tiene que aparecer como promesa, mandamiento, criterio o conducta de Dios.

Los autores de los documentos bíblicos son voceros de Dios, pero en algunos casos expresan su propia opinión. Pablo, por ejemplo, hace diferencia entre lo que dice Dios y lo que dice él en un pasaje que cito más adelante.

En la Biblia no solo habla Dios, también habla el hombre, así el piadoso como el impío, su cultura, sus supersticiones, la iglesia, los autores de los documentos e inclusive el diablo.

Cuando esta diferencia no se establece, el intérprete podría estar atribuyendo a Dios lo que no procede del Altísimo. Algunos pasajes pueden servir de ejemplos.

«Pero la serpiente era astuta, más que todos los animales del campo que Jehová Dios había hecho; la cual dijo a la mujer: ¿Conque Dios os ha dicho: No comáis de todo árbol del huerto? Y la mujer respondió a la serpiente: Del fruto de los árboles del huerto podemos comer; pero del fruto del árbol que está en medio del huerto dijo Dios: No comeréis de él, ni le tocaréis, para que no muráis. Entonces la serpiente dijo a la mujer: No moriréis; sino que sabe Dios que el día que comáis de él, serán abiertos vuestros ojos, y seréis como Dios, sabiendo el bien y el mal».[2]

En esta porción bíblica claramente no habla Dios. El diálogo es entre una mujer y el diablo. Aquí la inspiración del Espíritu Santo se limita a registrar la conversación no a inspirarla.

«Porque lo que sucede a los hijos de los hombres, y lo que sucede a las bestias, un mismo suceso es: como mueren los unos, así mueren los otros, y una misma respiración tienen todos; ni tiene más el hombre que la bestia; porque todo es vanidad. Todo va a un mismo lugar; todo es hecho del polvo, y todo volverá al mismo polvo. ¿Quién sabe que el espíritu de los hijos de los hombres sube arriba, y que el espíritu del animal desciende abajo a la tierra? Así, pues, he visto que no hay cosa mejor para el hombre que alegrarse en su trabajo, porque ésta es su parte; porque ¿quién lo llevará para que vea lo que ha de ser después de él?»[3]

El fatalismo de este pasaje no puede ser inspirado por Dios. El Espíritu Santo solo conserva para la posteridad el testimonio de lo que ocurre a un hombre cuando su comunión con Dios se interrumpe.

«Pero a los que están unidos en matrimonio, mando, no yo, sino el Señor: Que la mujer no se separe del marido; y si se separa, quédese sin casar, o reconcíliese con su marido; y que el marido no abandone a su mujer. Y a los demás yo digo, no el Señor: Si algún hermano tiene mujer que no sea creyente, y ella consiente en vivir con él, no la abandone».[4]

Con claridad meridiana el apóstol distingue en este pasaje su palabra de la de Dios: «mando, no yo, sino el Señor», «a los demás yo digo, no el Señor».

«Porque no permito a la mujer enseñar, ni ejercer dominio sobre el hombre, sino estar en silencio».[5] ¿Quién está hablando aquí? Desde luego que no es Dios, pues Dios no prohíbe que la mujer enseñe. Pablo es el que está opinando. El pasaje es categórico «yo (Pablo) no permito».

Los que han confundido en este versículo la palabra de Pablo con la de Dios han establecido que la mujer no puede ser pastora o predicar a los hombres. Ninguna de estas dos posiciones tiene fundamento bíblico.

Si todo lo que está en la Biblia no es palabra de Dios, ¿por qué se dice que toda la Biblia es la palabra de Dios? Cuando se dice que toda la Biblia es la palabra de Dios se refiere a su inspiración, no a todo su contenido. Todo lo que está en la Biblia no es inspirado por Dios, pero sí es inspirado por él que esté en la Biblia. Dios no inspiró al diablo para que dijera: «No moriréis; sino que sabe Dios que el día que comáis de él, serán abiertos vuestros ojos, y seréis como Dios, sabiendo el bien y el mal»[6], pero sí inspiró que esas palabras fueran registradas en su Palabra. El registro es inspirado, las palabras no.

Aunque un libro cite otras obras no se dice que es de tal autor con citas de otros autores. De igual manera la Biblia no dice ser la Palabra de Dios con citas de otras fuentes. Hacer la separación es la labor del exegeta.

Del dominio de la hermenéutica es determinar qué partes en la Biblia son inspiradas y qué partes solo su registro es lo inspirado. La ignorancia o la manipulación de la hermenéutica ha cargado a la iglesia con una fe extraña al pensamiento bíblico.

En la sistematización del pensamiento de Dios, la teología bíblica tiene que determinar qué es lo que Dios dice, qué carácter tiene lo que dice, a quién se lo dice, cuál es el alcance de lo que dice, ¿es local o universal? Su vigencia, ¿es temporal o eterna? ¿Obedece a una circunstancia particular o general?

Estas son preguntas fundamentales que tiene que plantearse el que quiere hacer teología bíblica. Estas preguntas tienen que ser respondidas con toda honestidad. Es aquí donde elementos extraños a lo que Dios dice pueden infiltrarse. Las respuestas tienen que buscarse con amor a la verdad, comprometidos solamente con el propósito central de la teología cristiana: Establecer qué dice Dios. Las instrucciones al que se embarca en la gestión teológica son categóricas: «Si alguno habla, hable conforme a las palabras de Dios; si alguno ministra, ministre conforme al poder que Dios da, para que en todo sea Dios glorificado por Jesucristo, a quien pertenecen la gloria y el imperio por los siglos de los siglos. Amén».[7] «Y si os dijeren: Preguntad a los encantadores y a los adivinos, que susurran hablando, responded: ¿No consultará el pueblo a su Dios? ¿Consultará a los muertos por los vivos? ¡A la ley y al testimonio! Si no dijeren conforme a esto, es porque no les ha amanecido».[8]

2. Teología Folclórica.

Para ponerle etiqueta a esta «teología» estuve debatiendo entre popular y folclórica. Decidí por la última porque popular tiene que ver principalmente con el nivel de complejidad, con el grado de abstracción. Popular se usa para aquello que está al alcance de la comprensión del pueblo, del promedio de personas. Folclórico tiene más bien que ver con origen. Es aquello que el pueblo produce, sus tradiciones y costumbres. Es en este sentido que estoy usando teología folclórica: La teología que el pueblo produce. La teología folclórica es la que produce la gente sin tener el entrenamiento necesario. Es el resultado de experiencias e ideas de individuos o grupos. Aquello que tuvo un carácter personal o transitorio se hace normativo.

La teología folclórica también puede derivar de la interpretación de pasajes bíblicos a los que no se les aplican normas científicas de exégesis.

¿Cómo se desarrolla esta teología? La teología folclórica la producen, como norma, personas que carecen de educación teológica formal, pero que son significantes en la vida de una congregación. Las experiencias de personas que han recibido al Señor como Salvador y tienen carisma o de alguna manera sobresalen, se convierten en autoridad doctrinal.

Esta teología se desarrolla generalmente con las personas que fundaron la congregación. Son cristianos(a) bien intencionados(a), con deseos de servir al Señor y que, en su ardor de ganar almas para Cristo, empiezan una iglesia. Tienen a lo mejor algunas experiencias espirituales, o algún tipo de éxito visible en su labor, dotados de carisma, a quienes la gente ve como voceros de Dios. Lo que ellos(a) dicen o hacen tiene, en la opinión de los que los(a) siguen, el sello divino de aprobación.

El televisor como la caja del diablo, la prohibición de maquillaje, de pelo corto, de ir al cine o a la playa, o participar en deportes son ejemplos de la teología folclórica.

Con el paso del tiempo, cuando alguien quiere encauzar en parámetros bíblicos la vida de la iglesia que así ha sido fundada se encuentra, en la opinión popular, combatiendo a Dios.

Cualquiera que con la Biblia se enfrenta a la teología folclórica tiene todas las de perder. Lo que dice doña Fina, o don Crispín, no lo que dice la Biblia, es la ley de Dios. Quien los contradiga es un intelectual, que sabe mucho pero no tiene el Espíritu y lo importante no es la letra que mata, sino el Espíritu, y ese lo tienen doña Fina y don Crispín; quienes no tendrán educación formal pero sí tienen el poder de Dios.

En esta coyuntura también se da el caso del pastor que, habiéndose graduado de un seminario, sabe como corregir la situación pero también sabe el precio que esto tiene. Por no perder su pastorado mantiene silencio y racionaliza diciendo que lo hace para mantener la unidad, para que la iglesia no se divida. En este caso la teología folclórica se afianza más, porque ahora tiene el aval de un hombre con un título teológico aunque sin convicciones, sin espina dorsal.

Para mí es absurdo pensar que la enseñanza bíblica pueda dividir a la iglesia. Si la Biblia es inspirada por Dios y la iglesia es el cuerpo de Cristo, ¿cómo podría lo que Dios ha inspirado dividir a la iglesia? Lo que puede hacer la Biblia es separar de la iglesia lo que no es iglesia y esto no es dividirla sino depurarla.

La teología folclórica produce normas sin respaldo bíblico que se hacen cumplir por personas autoritarias que manipulan los complejos de culpa de la gente. El legalismo y la culpa neurótica encuentran un terreno fértil en la teología folclórica.

Desactivar los patrones mentales que produce el folclore religioso no es imposible, pero tampoco es fácil. Lamentablemente algunos no logran redimirse de las cargas que los hombres les han impuesto. Piensan que perderían su salvación. Esta pobre gente nunca entra en el disfrute de la libertad gloriosa de los hijos de Dios. Abandonar prácticas que han interiorizado a un nivel de profundidad es como quedar a la intemperie, en total desamparo espiritual. Sería perder «la cobertura», como dirían algunos que practican esta teología.

Al efecto de la teología folclórica lo ejemplariza la siguiente historia. Una vez llegó a nuestra congregación de Miami una familia procedente de otra congregación. Me dijeron que venían porque tenían interés en estudiar la Biblia, cosa que nosotros hacemos cada miércoles. En nuestra congregación el estudio bíblico no se limita a repetir historias bíblicas, a decir que Bartimeo era un ciego, cuyo padre se llamaba Timeo y que se sentaba a la orilla del camino a mendigar. Eso ustedes lo pueden saber leyendo su Biblia, en la comodidad de su casa, mientras toma una taza de café en pijama. Nosotros queremos saber cuál es el propósito de que esa historia aparezca en la Biblia, cuál es su enseñanza. Queremos confrontarnos con los imperativos de la palabra de Dios. Nos interesa luchar con los problemas que presentan algunos pasajes. Con las lagunas en algunos manuscritos. Con lo que aparece en unos manuscritos pero no en otros. Todo esto resulta intimidante para algunas personas. Más de uno se ha dado de baja de nuestra congregación por esta razón. Una señora se fue cuando me oyó decir que las palabras que se atribuyen a Cristo con relación al ayuno, «este género no sale sino con oración y ayuno»[9], no aparecen en los manuscritos de más autoridad. Otro miembro de la congregación me citó para discutir el mismo asunto. Tampoco él sigue en la congregación.

Había pasado poco tiempo cuando la familia que había venido a nuestra congregación porque quería estudiar la Biblia dejó de asistir. Cuando les visité para saber la razón de la ausencia, la señora me dijo que se iban porque cada vez que ella me escuchaba perdía un poquito más de fe. Pienso que se iba antes de perderla toda.

Esta señora lo que en realidad estaba perdiendo no era fe cristiana, sino folclore religioso, pero para ella el riesgo era muy grande. Para mí el precio de mantenerla en la congregación era muy alto. Tuve que aceptar que la familia se marchara.

En algunas congregaciones para evitar que ciertas personas se vayan tienen que repetirse trilladas tradiciones que no tienen base bíblica. Hablar de una santidad que no es sino moda de la sociedad del siglo primero. Insistir en una espiritualidad histriónica. Bombardear de continuo a la gente con una lista de pecados que no es otra cosa que una fuente de culpa neurótica. Ese precio yo no puedo pagarlo.

3. Teología Institucional.

Esta es la teología de la iglesia como organización, como maquinaria eclesiástica, como estructura de poder. A veces más como entidad política que eclesiástica. Esta teología es estructura, sistema, política. Esta teología es el centro del poder, no necesariamente espiritual; que casi nunca es el caso.

En el nivel de la teología institucional la iglesia y los poderes políticos de este mundo no tienen mucha diferencia, si es que tienen alguna. Como norma, el pensamiento bíblico está ausente y mencionar espiritualidad, o preguntar qué piensa el Señor es arriesgarse a que le digan fanático o ignorante, y a que lo condenen al ostracismo y pérdida del respaldo económico si se recibe un sueldo de la institución o se es pastor de una iglesia que recibe subsidio.

Lo determinante aquí no es Dios sino los intereses personales y la ideología de los ejecutivos. Estos factores tienen la última palabra. Los que están a la cabeza son, más que teólogos, sociólogos o teóricos políticos que pueden ser de izquierda, de derecha o de centro. Para ellos la autoridad no reside en la Biblia, sino en las ciencias políticas o la filosofía; y aun cuando hacen exégesis bíblica el fondo ideológico está en estas disciplinas y no en la Palabra de Dios. Su preocupación no es eterna, sino temporal.

Los que representan a la teología institucional no funcionan desde el punto de vista de ¿qué opina Dios?, sino desde el punto de vista de ¿qué nos conviene a nosotros? ¿Qué le conviene a la causa que nosotros respaldamos, que es la que nos mantiene? En la teología institucional qué dice la Biblia no tiene trascendencia. Las decisiones y prioridades de la organización, que son usualmente las de sus líderes, son las que tienen la voz cantante. Cuando la institución habla, Dios tiene que guardar silencio.

Esta situación permite que en una congregación se reciban ofrendas y diezmos para el sostén de la obra del Señor, y la institución utilice parte de esos fondos para respaldar guerrillas de orientación marxista; que en algunos casos destruyen templos o proyectos misioneros de asistencia social sostenidos con la otra parte de los fondos. Se da la contradicción de que de las mismas ofrendas una parte sea usada para construir templos y otra parte para respaldar movimientos que los cierren o destruyan.

En algunos casos esta teología también respalda causas de orientación condenadas por la Biblia. Organizaciones que minan la estructura de la familia, que respaldan la homosexualidad, la relación sexual fuera del matrimonio, el aborto y programas que facilitan contraceptivos a los adolescentes a espaldas de sus padres, en lugar de educarlos para que sean continentes.

Esta teología controla, desde oficinas con aire acondicionado en los Vaticanos romanos o «evangélicos», el dinero que se recoge en las congregaciones y lo canaliza a proyectos que tienen interés para los que gobiernan la institución, independientemente de la visión de los que han dado el dinero o de aquellos que en realidad están haciendo la obra del Señor.

Los que se oponen a la política de la institución son amenazados, abierta o sutilmente, con la posibilidad de que su sostén económico sea cortado o de ser removidos de la posición que ocupan. Lamentablemente algunos son intimidados y ceden a la presión de la institución. El bozal de la arepa, como dirían los venezolanos, tiene más fuerza que la conciencia y que la voz de Dios y se cumple el axioma de que el que paga manda. La institución triunfa y la obra no puede hacerse como Dios quiere.

Esta teología también pone en lugares claves de mando al personal que sabe que defenderá sus intereses. El funcionario, que sabe por qué ha sido nombrado, entiende lo que tiene que hacer para conservar su puesto y así se perpetúa la situación. Ya no está presente la iglesia sino un sistema político como los de este mundo.

Durante casi cincuenta años he visto, más de una vez, a la justicia y ética cristiana entrar en conflicto con la institución y esta última salir victoriosa.

Recuerdo con tristeza que cuando vivía en Bolivia, le pregunté a un misionero de esas organizaciones que dicen tener el evangelio completo, por qué una casa propiedad de la denominación que había al lado del templo y estaba sin uso no se le daba al pastor «nacional»[10] que vivía en una choza detrás de la casa. Su respuesta fue, con ojos llenos de lágrimas, que él pensaba como yo, pero que la misión pensaba diferente y por esa razón él estaba saliendo del país; porque no podía hacer el trabajo según su conciencia. Este hombre era un verdadero misionero.

La teología institucional puede estar representada en una organización o en un solo hombre. De regreso de América Latina encontré en el avión a un pastor de Miami. Le pregunté si había leído mi libro *El Purgatorio Protestante* y qué le parecía. Me dijo que lo había leído por arribita y opinaba que para los pastores podría quizá tener alguna utilidad, pero no para el pueblo.[11] Para el pueblo él creía que sería perjudicial. Le pedí que me diera la documentación bíblica donde fundamentaba esa posición y me contestó que ya me había dicho que esa era su opinión pastoral. Aquí estaba en acción la teología institucional. Él había decidido, sin consultar la Biblia, rechazar el libro. Él consideraba el libro perjudicial y, como su juicio, no el de la Biblia era la autoridad, él lo podía prohibir. He aquí un ejemplo de lo que condena Pedro en una de sus epístolas: «no como teniendo señorío sobre los que están a vuestro cuidado, sino siendo ejemplos de la grey».[12]

Que la editorial que publicó originalmente *El Purgatorio Protestante* luego lo prohibiera es un ejemplo clásico de la teología institucional.

Capítulo Ocho

Áreas que deben ser revisadas

Lo dicho hasta aquí permite establecer la necesidad de revisar la vida y enseñanza de la iglesia. En esta sección voy a tratar las áreas que, en mi opinión, deben ser revisadas con urgencia y armonizadas con el pensamiento bíblico. Me propongo hacer esto con sencillez de corazón, sin intención autoritaria, con la esperanza de que lo que escriba sea juzgado piadosamente con un corazón también sencillo, divorciado de prejuicios. En esta exploración no tengo la pretensión de ser exhaustivo. Tampoco reclamo una revelación directa de Dios, solo la revelación general que cualquiera puede encontrar en las Sagradas Escrituras confiando en la iluminación del Espíritu del Señor.

Cualquiera que ame a la iglesia y la juzgue objetivamente, reconoce que esta tiene prácticas y tradiciones que obstaculizan el desarrollo de su vida y labor.

Por ser un organismo y no un fósil, la iglesia necesita mantenerse alerta a la dinámica y cambios de la sociedad que pretende redimir. La interpretación de los cambios sociales es crítica al ministerio de la iglesia.

Las preguntas fundamentales que la iglesia tiene que plantearse son: ¿Qué cambios debe asimilar? ¿Qué cambios debe resistir? Hay prácticas que en su tiempo pudieron haber resultado efectivas pero que en la actualidad estorban. Ya cumplieron su función y hoy constituyen un obstáculo.

Si la iglesia, por aferrarse caprichosamente a ciertas prácticas, no cambia con la sociedad, en lo que puede y debe, pierde la comunicación. Si la iglesia, por estar «al día», cambia en lo que no debe, pierde su virtud. En ambos casos su labor redentora se perjudica. En un caso porque pierde la capacidad de comunicadora, y en el otro porque pierde el mensaje que debe comunicar. Aquí la diferencia entre forma y esencia es crítica.

Insistir en normas y patrones sociales que la sociedad hace tiempo abandonó es convertir a la iglesia en un anacronismo, en una especie de pieza de museo. Cambiar indiscriminadamente, para hacer a la iglesia «atractiva» y ganar la aceptación de la gente, convierte a la iglesia en una mera asociación. Ambos errores, en mi opinión, se cometen en la iglesia contemporánea.

Hay grupos que se aferran a modos sociales que hace décadas pasaron. La gente ve a estos cristianos como curiosidades. Por desdicha, ellos piensan que el rechazamiento de la sociedad es parte del vituperio de Cristo que deben pagar por tratar de ser fieles a Dios en una generación adulterina y pecadora. Irónicamente, la realidad es que el desprecio social que sufren no deriva de la fidelidad al Señor, sino de fidelidad a prácticas que nada tienen que ver con el evangelio.

Otros pastores e iglesias, para apelar al mundo, han convertido la adoración en una forma de entretenimiento. En algunos programas en templos, televisión o radio, si no fuera por la mención ocasional de Dios o de Jesucristo, o de alguna palabra relacionada con el vocabulario religioso no se sabría que lo que se está presentando tiene la pretensión de ser cristiano. En algunos casos es difícil distinguir si se trata de un predicador, de un cómico profesional o de un prestidigitador. Se han creado versiones «cristianizadas» de programas populares de la televisión. Algunos púlpitos están saturados de «pop psychology».

Es urgente que, con honestidad y valor, algunos aspectos de la vida de la iglesia sean revisados. Naturalmente no se trata de romper, de forma indiscriminada, con todas las tradiciones, prácticas y creencias. Tampoco de aceptar a ciegas todos los cambios sociales o acabar con las tradiciones sin juzgarlas o porque sencillamente son tradiciones.

Las tradiciones per se no son malas. Ninguna sociedad puede existir en un vacío de tradiciones. Las tradiciones son las que dan cohesión y continuidad a cualquier grupo social.

Cuando Cristo condenó las tradiciones de los ancianos no condenó las tradiciones en sí. Lo que Cristo condenó fue que las tradiciones usurparan el lugar de la palabra de Dios y se convirtieran en cargas que él no había impuesto. Las tradiciones de los ancianos no tenían la legítima función que una tradición debe tener en la vida de una sociedad.

Además, las tradiciones de la iglesia no siempre expresan la voluntad de Dios. Pero a la iglesia, como institución, no le gusta que cuestionen sus tradiciones. «El libro de Job es, en pocas palabras, un atrevido manifiesto. Las ideas revolucionarias siempre disgustan a la gente: Los antiguos tuvieron problemas con su tesis que el sufrimiento no es prueba de pecado, así como los modernos están frustrados con su corolario, que la victoria no es prueba de virtud. Retar a la religión sobre bases morales es chocante a la autoridad establecida porque es atreverse a afirmar que la tradición puede no expresar correctamente el designio de Dios...»[1]

Yo sé el riesgo que tiene enfrentarse a las tradiciones. Pero yo no estoy abogando por el rechazamiento indiscriminado de toda tradición. Lo que propongo es una revisión responsable de lo que la iglesia cree y practica. Una revisión que determine qué es lo que tiene legítimo derecho a existir y ser parte de la iglesia de hoy. Qué forma parte de la iglesia eterna. Qué debe ser eliminado o modificado. Ya sea porque pertenece a una época pasada. Es la imposición de una cultura a otra. O porque nunca debió ser parte de la iglesia.

Una de las dificultades que tiene un gran segmento de la iglesia y de su liderato es la ausencia de una cosmovisión cristiana. No existe la integración de un sistema de valores cristianos que sirva de rector en la vida y fe de la iglesia frente a un mundo fuera de control.

Hay pastores y líderes que asisten a un retiro, a un taller, a una campaña o congreso y regresan a sus congregaciones para implementar, sin análisis, sin crítica, las ideas que recibieron. Esto dura hasta que asisten al próximo congreso o taller donde escuchan nuevas ideas que tomaran el lugar de las anteriores. Puede que sean las caídas «en el espíritu», la prosperidad, la guerra espiritual, con todas sus especializaciones, la risa, las danzas o el mesianismo. Con cada nuevo evento al que asisten los pastores, la fe, la vida y el culto de la iglesia cambian. Estos pastores no han integrado un sistema cristiano de valores. No han desarrollado una cosmovisión cristiana. Lamentablemente, como decían en mi pueblo, estos pastores bailan al son que les toquen.

Una de las ventajas de una cosmovisión es que esta funciona automáticamente. En la década de los sesenta, cuando vivía en Nueva York, escuché en una reunión de pastores a un predicador que estaba en boga. Este hombre dijo que los cristianos perdían su tiempo cuando oraban por los gobernantes. Aparentemente dicha por él, la declaración llevaba peso, pero mi mente de inmediato fue a las palabras de Pablo: «Exhorto ante todo, a que se hagan rogativas, oraciones, peticiones y acciones de gracias, por todos los hombres; por los reyes y por todos los que están en eminencia, para que vivamos quieta y reposadamente en toda piedad y honestidad».[2] Estas palabras contradecían lo que el inspirado predicador estaba diciendo. Pero, aparentemente, la gente aceptó lo que el hombre había dicho, lo cual implica que desconocían lo que Pablo dijo a Timoteo o que le daban importancia secundaria.

En el pensamiento de muchos líderes no existe un categórico marco de referencia que juzgue y guíe a la iglesia con firme timón y rumbo definido, a través de este turbulento mar de cambios y novedades.

Con la explosión en las comunicaciones que existe hoy, lo que ocurre en una iglesia se conoce rápido en las otras y empieza la peregrinación. El pastor no informado, sin una teología cristiana categórica, siente la presión que hacen miembros de su iglesia que asistieron a donde «dios», con minúscula, está haciendo las últimas cosas, o de miembros que se han enterado de lo que está ocurriendo en otro lugar. Para no perder miembros, para no quedarse atrás, o para que no crean que él esta fuera de frecuencia, busca al protagonista de los últimos acontecimientos o a alguien que haya aprendido las técnicas y arma en su iglesia su propio espectáculo. Lo que estén dando en otro lugar él también lo ofrece. No hay necesidad de buscarlo en otra parte.

Estas cosas no pasarían si hubiese madurez espiritual. Una persona madura, formada, es aquella que ha integrado un sistema que reacciona automáticamente al mundo que le rodea. La conducta no la determina el medio ni lo que está ocurriendo sino los valores que están interiorizados. La persona inmadura es la que tiene los archivos de su psiquis vacíos. Esta funciona por impulsos. No hay un marco de referencia que juzga, que determina. Una de las razones por las que se están infiltrando ideas paganas en la iglesia de hoy es por la ignorancia tanto de paganismo como de cristianismo que tienen los que la dirigen. Para que a uno no le pasen gato por liebre uno tiene que saber lo que es un gato y lo que es una liebre. Por desgracia hay algunos que no saben lo que es ninguna de las dos cosas. Los que frente a una supuesta manifestación espiritual dicen que no se debe juzgar, que no se debe pensar, solo recibir, no conocen el cristianismo que dice «y los demás juzguen»[3] y no conocen el misticismo pagano que dice que la razón es el peor enemigo de la espiritualidad. La reacción frente a la manifestación no es cristiana sino pagana.

La labor de revisión de la fe y práctica de la iglesia solo puede ser llevada a cabo por aquellos que la aman. Pero no es suficiente amar. El amor mal informado puede ser destructivo. Este trabajo requiere, además de amor, una sólida educación cristiana que permita hacer la distinción entre la teología y la sociología de la iglesia. Entre la fe cristiana y las religiones de misterio. Entre la fe una vez dada a los santos y la tradición. Entre cristianismo y paganismo.

Dos ejemplos de la sociología de la iglesia son suficientes. Cuando se habla de cristiana sepultura o de matrimonio cristiano, ¿se está hablando de teología o de sociología? Sin duda se está hablando de sociología. No hay tal cosa como cristiana sepultura desde el punto de vista de la doctrina cristiana. El Nuevo Testamento no ordena ningún ritual ni da instrucciones para disponer del cadáver de un cristiano.

El Nuevo Testamento habla de lo que hacían con los muertos los judíos contemporáneos de Cristo. Pero esa es la costumbre de los judíos no la doctrina cristiana.

Hay quienes se oponen a la cremación de los cadáveres y dicen que ellos quieren ser enterrados cuando mueran porque Cristo no fue quemado sino enterrado. Esto es ignorar que la sepultura de Cristo no la determinó Dios sino la cultura judía del siglo primero. Y Cristo en realidad no fue enterrado sino puesto en una cueva. Desde un punto de vista neotestamentario el cuerpo de un cristiano fallecido se puede quemar, enterrar, momificar, o utilizarse para que los estudiantes de medicina practiquen.

En mi caso, las instrucciones que he dado a mi familia es que dispongan de mi cuerpo muerto en la forma más económica. Hasta

ÁREAS QUE DEBEN SER REVISADAS

el momento la cremación es lo que sale más barato. Si no aparece un método más barato seré cremado. Si muero fuera de Miami, donde ahora resido, cuando les informen de mi muerte a mis familiares, el que reciba la información debe decir que, dentro de las leyes del país, escojan el método más barato para disponer del cadáver y les manden la cuenta. No concibo que se le pague pasaje de avión a un cadáver, aunque tengo absoluto respeto para los sentimientos de los que lo hacen.

Lo que la gente gasta en funerales se encuentra, en mi opinión, entre los gastos más absurdos y manipulados. Es vergonzoso ver cómo se manipulan los sentimientos de los dolientes. Se les ofrecen servicios de diferentes precios que tienen que ver con la calidad de los materiales de los sarcófagos y otros extras. Uno de estos extras es risible: sarcófagos impermeables, con la garantía de que no les entrará el agua, esto impediría que el cadáver se resfríe. La bendición de un sacerdote, en algunas funerarias, agrega setenta y cinco dólares al costo del funeral. El razonamiento de los dolientes, que es explotado por la funeraria, es que como eso es lo último que harán por el difunto no deben escatimarse gastos. La realidad es que por el difunto no se está haciendo nada, pero sí por el dueño de la funeraria. En algunos casos la familia contrae una deuda que desestabilizará su presupuesto.

Por otro lado la ostentación y exageración en honras fúnebres y monumentos en los cementerios derivan del orgullo y/o de la falta de esperanza. Yo considero pecaminoso el derroche de dinero en honras fúnebres. Una concepción cristiana de la vida y de la muerte no requiere de ninguna de estas cosas. Cuando yo fallezca no habrá funeral. Del lugar donde muera al crematorio. Y no quiero que le entreguen la ceniza a mi familia porque ¿cómo sabrán ellos que esa es mi ceniza? Y si lo fuera, ¿qué significado tiene?

Además, es común, el caso de personas que le hicieron la vida imposible al difunto y en el funeral hablan maravillas de él. Como a mí no se me hará funeral le negaré la oportunidad de purgar su remordimiento a aquellos que me difamaron e hicieron difícil mi trabajo pastoral. La oportunidad la tienen mientras yo esté en la tierra.

El cuerpo de una persona después de fallecida es como el automóvil que deja de funcionar. El automóvil es el vehículo que esta usaba para desplazarse del punto A al punto B. Eso es el cuerpo humano, sencillamente un vehículo. El Nuevo Testamento no da base para otra opinión. Nadie, a menos de un excéntrico, gasta dinero en la conservación o atención de un vehículo que ya no funciona. Solo lo mínimo para deshacerse de él. Lo relacionado con los funerales es parte de la cultura no de la fe cristiana. No hay tal cosa como cristiana sepultura, sino sepultura de cristianos.

El matrimonio por la iglesia es otra creación no de la teología sino de la sociología de la iglesia. El matrimonio civil es lo único que necesitan los cristianos, y ni este en las sociedades donde no existe una legislación del matrimonio.

Las ceremonias matrimoniales donde un pastor oficia y declara a los contrayentes marido y mujer son producto de la iglesia como sociedad y no como cuerpo de Cristo. Casar no es parte de la descripción que el Nuevo Testamento da de la función pastoral.

Estas ceremonias y las recepciones que siguen a ellas son a veces una oportunidad de ostentación y derroche, que en estos casos se constituyen en pecado y no en celebración cristiana. Lo que se gasta en casar y divorciar son dos grandes negocios de una sociedad corrupta.

Sobre el aspecto teológico del matrimonio hablaré más adelante cuando lo use como ilustración de lo que es bíblico y lo que no lo es. Ahora pasemos a las áreas que en mi opinión necesitan ser revisadas.

1. CONCEPTO DE MINISTERIO.

Entre los aspectos que tienen que ser revisados con urgencia en la vida de la iglesia se encuentra el de sus ministros. Son varios los aspectos del concepto de ministerio que creo se deben atender.

1) Vocación.

Dios ha perdido el control de la ordenación de sus ministros. La institucionalización de la iglesia por un lado y su popularización por el otro, han quitado de las manos del Señor de la iglesia la selección de sus ministros.

El llamado al ministerio como experiencia espiritual en respuesta a una acción divina se ridiculiza en algunas instituciones. Hace años leí en la revista de un seminario teológico, de los que llaman acreditados, un artículo escrito por el rector. El artículo versaba sobre el llamado al ministerio cristiano. La palabra llamado aparecía entre comillas. Aparentemente las comillas tenían la intención de subestimar el concepto de llamado como una experiencia espiritual. Para esta gente el llamado no es una experiencia de profundo significado espiritual donde se responde en obediencia a Dios, sino la elección de una profesión como otra cualquiera. El pastor de una de las iglesias que llaman históricas dijo a un joven que estaba interesado en el ministerio que ser pastor era como ser médico, abogado o ingeniero.

Muchos de los problemas que ha tenido y tiene la iglesia en su liderato obedecen a que Dios se niega a reconocer ordenaciones humanas. Ex pastores y predicadores amargados y desorientados son resultado de Dios no haberlos llamado. Sus ministerios resultaron de tener padrinos en la institución, gozar de simpatía, o de conveniencias o gusto personales.

Cuando en Estados Unidos el servicio militar era obligatorio hubo quienes se matricularon en seminarios teológicos para escapar del ejército. Los seminaristas estaban exentos del servicio militar.

También se encuentran los que entran al ministerio para conseguir educación gratuita al ser becados por la denominación a la que pertenecen.

La motivación de otros es que lo ven como una manera fácil de hacer dinero. Algunos, por la carencia de educación formal u oficio, hacen más dinero como predicadores que en cualquier otra ocupación. Y si van como «misioneros» a otro país, debido al cambio de moneda, viven como potentados, en un nivel que no les sería posible en su país de origen.

Personas con solo un poco de carisma, no usada la palabra aquí en su sentido espiritual, han encontrado en el ministerio una fuente de ingreso que les permite una vida de opulencia, superior a la de algunos ejecutivos de grandes corporaciones, como han sido los casos de algunos que en historia reciente han terminado de forma escandalosa.

En manos deshonestas la religión es uno de los grandes negocios de este mundo. Para las personas sin escrúpulos la religión es una de las empresas más lucrativas en este mundo de ansiedad, desorientación y superstición.

A una popular artista, después de ella anunciar que había tenido una experiencia de conversión, le dijeron que por qué no ponía una iglesia, de esa forma podría hacer mucho dinero. Cuando ella respondió que no sabía predicar le respondieron: «eso no es problema, te buscas a alguien que predique todos los domingos».

Hoy hay una explosión de hombres y mujeres que dicen ser llamados. Un traficante de drogas o pandillero, que ha golpeado a la madre, le ha robado a la abuela, y ha peleado con la policía, acepta al Señor Jesucristo como salvador y sin recibir la preparación adecuada, sin maduración espiritual, de la noche a la mañana se convierte en famoso predicador. Ahora, cuando viaja en avión es en primera clase, se hospeda en hoteles de cinco estrellas y se le tiene que garantizar una jugosa suma de dinero como honorarios. Ahora es hijo del rey. De pordiosero a príncipe de la noche a la mañana. Le dio al «jack pot».

Similar es el caso del político corrupto que es condenado a prisión. En la cárcel dice tener una experiencia religiosa. Al salir de la cárcel publica un libro, que le produce una jugosa suma de dinero,

ÁREAS QUE DEBEN SER REVISADAS

y se convierte en mentor de los que estaban sirviendo al Señor mientras él estaba violando la ley.

Los líderes de la iglesia contribuyen a este fenómeno al proporcionar a estos predicadores instantáneos audiencia en radio, televisión, revistas y auditorios. Un elemento que promueve esta situación es la morbosidad de algunos cristianos por los testimonios de una conducta vergonzosa que más bien debiera olvidarse.[4] Recuerdo estar de visita en una iglesia para predicar donde una cantante daría su testimonio. Su esposo e hija estaban sentados en la primera fila. Delante de ellos esta señora explicaba con detalles cómo cuando su esposo salía de la casa ella iba a encontrarse en un hotel con su amante.

Los ministerios son una dádiva de Dios a su iglesia. Nadie fuera de él puede hacer estos nombramientos. Esta es una función que él no ha delegado en nadie. La soberbia humana, sin embargo, pretende usurpar este poder que solo pertenece al Señor de la iglesia.

El orden divino es que Dios ordena y la iglesia tiene que reconocer. El hombre, en su pecado, ha invertido este orden. La institución, o el individuo, ordenan y quieren que Dios reconozca.

En el rigor del concepto bíblico de ordenación, la iglesia no tiene autoridad de ordenar ministros. Su función es reconocer a quienes Dios ordena, sean hombres o mujeres, disfruten o no estos de la simpatía de los funcionarios de la iglesia.

Los que dirigen la iglesia, si en realidad son siervos de Dios, no tienen otra opción que reconocer a quienes Dios ordena y facilitar el desarrollo de estas personas y el trabajo que Dios les ha encomendado. Los que administran la iglesia no pueden ayudar a aquellos con los que simpatizan y estorbar a aquellos que no gozan de su simpatía. El nepotismo no tiene lugar en la iglesia de Dios.

Los rituales de ordenación que ha desarrollado la iglesia como institución tienen valor solo si expresan la voluntad divina. Pero no tienen sentido si son meramente acciones burocráticas o gestiones de favoritismo.

La ordenación es una acción soberana, unilateral, autócrata, de parte de Dios. Dios fue el que llamó a Moisés. Dios fue el que llamó a los profetas. Cristo fue el que dijo a Pedro, sígueme, así como a Mateo y a los otros discípulos. El Espíritu Santo fue el que dijo: «Apartadme a Bernabé y a Saulo para la obra a que los he llamado».[5] Las palabras de Efesios 4:11, a pesar de su vigor, para algunos han perdido su vigencia. «Y él mismo constituyó a unos, apóstoles; a otros, profetas; a otros, evangelistas; a otros, pastores y maestros».

El pronombre personal *él* (autos, en griego) que se traduce en este versículo de Efesios es un pronombre con énfasis. Nuestro pronombre él no corresponde con la misma fuerza. En español hace falta más de una palabra para darle la misma intensidad. Autos es un pronombre vigoroso que significa él y ningún otro. Él, categóricamente, con exclusión de cualquier otra entidad, dio a la iglesia los ministerios. Esa es la razón por la que se traduce «él mismo».

«La ordenación no es un acto de jurisdicción eclesiástica, sino una referencia a la llamada de Dios... Dios no está supeditado a la ordenación de la iglesia; al margen de la organización eclesiástica, puede tener a bien llamar a un hombre para predicar su palabra».[6]

2) *Educación.*

Además de la situación del llamado, existe un problema de polarización en el ministerio cristiano con relación a la educación. En un lado tenemos al ministro con carisma pero sin educación, y quien se niega a adquirirla porque piensa que la letra mata y los estudios pueden privarlo de poder.

Un pastor me dijo que desde que se dedicó a leer solo la Biblia y dejó de leer otros libros, cada domingo después de su predicación hay personas que aceptan al Señor Jesucristo como salvador personal.

Para algunos estudiar es dejar de depender en el poder del Espíritu Santo. Escuché a un pastor decir que él no tenía educación pero que estaba lleno del Espíritu Santo, como si la ignorancia fuera un requisito para que el Espíritu Santo los dotara de su poder.

Estas personas han hecho de la educación y de la dotación de poder del Espíritu Santo experiencias que recíprocamente se excluyen. Las conciben como posiciones antitéticas. Las alternativas son, ignorante pero con poder, o educado pero sin poder. Hace algunos años pasó por mi oficina un grupo de pastores que estaba de visita en Miami. Uno de ellos, al ver la biblioteca dijo: «Gerardo, tienes muchos libros». Sabiendo la opinión que algunos tienen de mí le contesté que como yo no tengo poder, gracias a los libros es que podía predicar.

Se nos ha querido hacer creer que tenemos que decidir entre la espiritualidad ignorante o la educación sin espiritualidad. Los que piensan de esa manera parece que ignoran las historias de Moisés o de Pablo. Para los que se oponen a la educación el paradigma es la humilde confesión de Amós.[7]

La crítica de la que algunos hacen objeto a los seminarios o a la educación en general parecería indicar que estas personas han tomado como su apostolado la glorificación de la ignorancia, que en mi opinión es uno de los peores enemigos del hombre.

El problema de la antieducación se extiende a la preparación que la predicación debe tener. Lo improvisado parece ser más espiritual. Es como si Dios se opusiera a bendecir el honesto trabajo intelectual de sus siervos.

De visita en una iglesia de las que llaman megaiglesias, el pastor me dijo que él sabía lo que habría de predicar cuando, ya parado detrás del púlpito, abría la Biblia en el momento de la predicación. La habilidad de este pastor podría hacerle a cualquiera un complejo de inferioridad espiritual. Yo no he llegado todavía a ese nivel de desarrollo espiritual. Después de casi cincuenta años en el ministerio, además de depender en el Señor, todavía tengo que leer, tengo que pensar, tengo que organizar mis ideas. Como emergencia puedo predicar con aviso de última hora. Después de casi cincuenta años predicando, con cientos de sermones a mi favor, debo poder hacerlo, pero no como norma. Cada semana tengo que leer, pensar, organizar mis ideas, además de depender en la gracia divina.

También tenemos al predicador que al momento de predicar comunica a su audiencia que el Señor le acaba de cambiar el mensaje. Él había preparado un mensaje, pero ese no es el que el Señor quiere. La gente ingenua queda electrificada ante esa repentina intervención divina.

Yo consideraría injusto que Dios me hiciera eso. Después de invertir horas de trabajo en la preparación del material que habré de presentar y viajar al lugar de la reunión, ya delante de la gente, no creo que el Señor me diría: eso no es lo que yo quiero que digas. ¿Por qué no me lo dijo en la oficina, donde dispongo de biblioteca y puedo prepararme adecuadamente?

Es como si a Dios le gustara más lo improvisado que el resultado del estudio diligente, la meditación, la maduración de las ideas. Yo acepto que hay ocasiones donde uno puede, y debe, cambiar lo que había preparado por encontrarse con una audiencia distinta a la que había anticipado. Pero no porque «Dios me cambió» el mensaje, sino porque la audiencia lo requiere. Por supuesto, la ingenuidad ve en esto una especie de intervención sobrenatural.

En el otro extremo tenemos al que ve en los estudios la llave mágica para su ministerio. Para este grupo los títulos académicos son fundamentales. Al extremo, que hay denominaciones que no ordenan a un candidato al ministerio a menos que este haya completado cuatro años de universidad y tres de seminario.

Que el candidato haya o no sido llamado por Dios, o cual sea su condición espiritual, o cual sea la opinión que tiene de Cristo o de la Biblia no es de mucha consecuencia. Y con la corriente secularizante que ha invadido a la iglesia, se desea que la educación sea preferiblemente en ciencias sociales y políticas. La Biblia no

ÁREAS QUE DEBEN SER REVISADAS

será tan necesaria porque el ministro estará involucrado en problemas de racismo, pobreza, vivienda y condiciones de trabajo, no en asuntos «del alma».

En mi opinión ambas posturas con relación a la educación están equivocadas. La posición correcta, en mi opinión, es lo que yo llamo erudición piadosa. La de una razón que cree y una fe que piensa. Una educación confesional. Educación y espiritualidad no se contradicen, al contrario, la educación puede ser un instrumento de refinamiento del espíritu y la espiritualidad un medio de enriquecimiento de la educación.

El balance que debe existir es el de un Dios que hace pastores y un seminario que los educa. No existe ninguna razón intrínseca para que educación y espiritualidad se estorben la una a la otra.

El haber sido educado en toda la sabiduría de los egipcios[8] no impidió que Dios usara a Moisés. Al contrario, su educación proveyó una magnifica base para el trabajo que Dios le encomendó; aunque esta no haya sido la que lo calificó.

Rechazar la capacidad del cerebro es rechazar la imagen de Dios en nosotros. Lo que es un obstáculo es la soberbia de la educación, que en su vanidad excluye a Dios, esto sí es un estorbo. Pero la educación que se consagra en el altar con la confesión: «Señor, esto es lo mejor que yo puedo hacer, pero si tú no lo unges con tu Espíritu en vano he trabajado» se convierte en instrumento poderoso. Este principio está expresado en el Salmo 127: «Si Jehová no edificare la casa, En vano trabajan los que la edifican; Si Jehová no guardare la ciudad, En vano vela la guardia. Por demás es que os levantéis de madrugada, y vayáis tarde a reposar, Y que comáis pan de dolores; Pues que a su amado dará Dios el sueño». En este pasaje no se nos dice que Dios despidió a los trabajadores y él edificó la casa. La implicación lógica es que la casa la hicieron entre Dios y los edificadores. Esta combinación se puede ilustrar con la historia de un anciano sentado a la sombra de un árbol al lado de un bello jardín. Una señora que se paró a contemplar el jardín se maravillo con su belleza y exclamó:

—Las maravillas que hace Dios.

El anciano la escuchó y protestó:

—Usted querrá decir las maravillas que hacemos entre Dios y yo.

La señora le dijo que cómo se atrevía él a hablar de esa manera, a lo que el anciano le contestó:

—Yo quisiera que usted hubiera visto este pedazo de tierra cuando Dios lo tenía solo por su cuenta.

La ignorancia es una de las peores enemigas del hombre; jamás comprenderé como su glorificación puede ser una virtud.

De la misma manera, la jactancia de la educación es un obstáculo en el servicio a un Dios que se define a sí mismo como «manso y humilde de corazón».[9] «Antes del quebrantamiento es la soberbia, Y antes de la caída la altivez de espíritu».[10]

3) *Mercadeo.*

En la presentación del evangelio, como en la de cualquier idea o producto que quiera encontrar la aceptación del público, se tienen que tener en cuenta ciertas técnicas de mercadeo. A nadie se le ocurriría ofrecerle nieve a los esquimales o arena a los beduinos del Sahara. La propaganda para una playa no se haría con escenas de lluvia y tormenta. Tampoco se anunciaría un área de esquiar con montañas desprovistas de nieve.

Es absolutamente legítimo presentar el evangelio teniendo en cuenta la audiencia que se quiere ganar. Yo he sido capellán de una escuela encargado de la enseñanza religiosa para alumnos de kindergarten hasta el último año de secundaria. El evangelio que les daba no cambiaba, solo el vocabulario y el nivel de argumentación. Yo he predicado a personas en la selva, que tenían un dialecto tan rudimentario que el intérprete me dijo que tenía que usar el vocabulario más simple posible. También he dado conferencias en universidades con profesores y alumnos en la audiencia. He sido invitado a defender la idea de Dios y de la fe cristiana en una asociación compuesta por ateos, libre pensadores, intelectuales y profesores universitarios. El título con que me presentaban cambiaba, la audiencia cambiaba, el nivel de abstracción de las presentaciones cambiaba, no obstante, ni mi condición pastoral ni el contenido de la enseñanza cambiaba. Para poder hacer el trabajo con efectividad las normas de comunicación son similares a los principios de mercadeo.

El apóstol Pablo usó técnicas de mercadeo.[11] Pero todo tiene su límite, y la ética cristiana establece límites con relación a lo que se puede hacer en la proclamación de la fe.

Tenemos que reconocer que algunas técnicas de mercadeo tienen legítimo lugar en la labor de la iglesia. Para que la predicación sea efectiva tiene que establecerse el blanco y de acuerdo a él determinar la estrategia, y eso es mercadeo.

Pero el problema del ministerio actual es la utilización de técnicas censurables. Algunos, en su afán de hacer a la iglesia atractiva, o para conseguir beneficios personales, casi siempre económicos, han abaratado el evangelio; dándole a la gente lo que quiere. Un evangelio de soluciones rápidas, casi mágicas.

Este es un evangelio que no requiere que te confrontes con tus problemas y responsablemente los resuelvas. Una liberación. Una oración de «fe» será suficiente. Ten «fe», Dios es un mago. El evangelio se presenta como una indiscriminada solución a todos los males del hombre, sin condiciones. Traigan los enfermos que Dios los sanará. Pidan lo que quieran, él tiene poder, él se los dará. Que vengan los que están desempleados, Dios les dará trabajo (aunque no lo busquen). Den una ofrenda y Dios la devolverá multiplicada, las mejores inversiones se hacen con él. Pidan lo que quieran, Dios tiene poder, Dios se los dará. Oraremos por su situación financiera y Dios los prosperará, aunque no trabajen. Si tienen fe no es necesario que sean buenos administradores. Vi en la televisión a un predicador decirle a la audiencia que llenaba el auditorio: «levanten las manos y declárense libres de deudas».

Se ofrece a un Dios que lo da todo sin pedir nada. En este «evangelio» el pan es de los perrillos, no hace falta el compromiso de hijo para participar de los beneficios del padre. Esta es una gracia barata. Es la gracia de la que habla Bonhoeffer. «Gracia barata es la predicación del perdón sin requerir arrepentimiento, bautismo sin la disciplina de la iglesia, comunión sin confesión, absolución sin confesión personal. La gracia barata es gracia sin discipulado, gracia sin la cruz, gracia sin Jesucristo, vivo y encarnado».[12]

4) Competencia.

Trágicamente un alarmante número de líderes religiosos se ha embarcado en una acelerada carrera de competencia. Quién construye el templo mayor, más moderno, mejor equipado con los últimos adelantos electrónicos. Quién reúne más personas. Quién viaja a más países. Quién entrevista a más gobernantes de este mundo, o desayuna con ellos u ora con ellos o por ellos (aunque estos no hagan profesión de fe). Quién supera a quién en los informes que da. La estadística aquí es fundamental, las consideraciones espirituales son secundarias si es que tienen algún lugar.

El que sirve a Dios tiene que aprender que él no está en competencia con nadie y menos con otros que sirven al mismo señor. Todos reportan a la misma oficina central. Trabajan para el mismo reino y lo importante no es hacer puntos personales, de donde dependen los ascensos en las corporaciones de este mundo, lo importante son los intereses globales del reino. Lo que se requiere es que cada uno sea fiel en lo que el Señor le ha puesto.[13]

«¿Qué, pues, es Pablo, y qué es Apolos? Servidores por medio de los cuales habéis creído; y eso según lo que a cada uno concedió el Señor. Yo planté, Apolos regó; pero el crecimiento lo ha dado Dios. Así que ni el que planta es algo, ni el que riega, sino Dios, que da el crecimiento. Y el que planta y el que riega son una misma cosa; aunque cada uno recibirá su recompensa conforme a su labor. Porque nosotros somos colaboradores de Dios, y vosotros sois labranza de Dios, edificio de Dios».[14]

5) Necesidad de demostrar.
Otra de las trampas en que muchos miembros del ministerio cristiano han caído es el aceptar que el éxito tiene que ser visible. Lo que valida la vida de estas personas no es lo que ellos son esencialmente sino lo que pueden demostrar. Para ellos el criterio del éxito es que el éxito tiene que verse. Si no es tangible no es éxito.

Estas personas no han comprendido que el éxito o el fracaso son fenómenos de absoluta intimidad. Solo Dios y la persona misma saben si ha habido triunfo o fracaso. En muchos casos el triunfo es manufacturado por la misma persona o por su maquinaria publicitaria y el fracaso por sus enemigos. El proverbio dice que todo lo que brilla no es oro. ¿Cómo se siente una persona cuando está sola y sabe que su éxito no es real?

Hay líderes cristianos que están obsesionados con las estadísticas. Los números para ellos son fundamentales. Para estas personas lo visible: casas, automóviles, audiencias multitudinarias, ser fotografiados con personas importantes de este mundo, programas de televisión o de radio es lo importante. Eso es éxito. No importa a qué precio, ni sacrificando qué, necesitan informar «conversiones», «resultados».

Hace algunos años estuve en una reunión de pastores en la cual un evangelista, de los que llaman internacionales[15] estaba presente. Este evangelista informó de una campaña que había celebrado en un país centroamericano con una asistencia de ochenta mil personas. Hasta donde mi información llegaba, en ese país no había ningún lugar con esa capacidad. Luego supe que en las campañas se suma la asistencia de cada día. Es decir, una campaña de diez días con asistencia de ocho mil cada noche suma ochenta mil. La misma persona podría estarse contando diez veces. Eso creo que se llama aritmética evangelística. Ochenta mil suena mejor que ocho mil. Suena diez veces mejor. En contabilidad eso se llamaría «inflar la cuenta». Lo cual es penado por la ley. Si usamos ese tipo de aritmética es probable que la población del mundo ya escuchó el evangelio.

Naturalmente, la crítica a esta necesidad casi patológica de éxito no debe utilizarse para justificar la ausencia de frutos que resulte de falta de dedicación honesta al trabajo que el Señor ha encomendado en nuestras manos.

Decir que nos interesa más la calidad que la cantidad puede convertirse en una racionalización de nuestra negligencia. Pero lo importante no es lo que se puede demostrar sino la fidelidad en lo que Dios ha puesto en nuestras manos, tenga ello un éxito visible o no. La pregunta fundamental es ¿estoy haciendo la obra con honestidad? Si la respuesta es afirmativa se satisface la condición bíblica de servicio «se requiere de los administradores, que cada uno sea hallado fiel».[16]

Por otro lado, insistir en los números sin tomar otros factores en consideración, puede crear angustia en algunas personas que están sirviendo fielmente al Señor. Durante un congreso celebrado en Lima, Perú, una señora que pastoreaba una congregación en el interior de ese país me dijo que estaba pensando abandonar el pastorado porque no veía resultados. La señora oía tantos informes de grandes congregaciones que pensaba que ella era un fracaso. Si la persona no tiene una idea clara de su trabajo puede desarrollar un sentimiento de derrota. El que sirve al Señor tiene que tener una idea clara de dónde Dios lo quiere, qué quiere Dios que haga, y si está siendo honesto en la ejecución de su misión. Estas son las cosas que tienen importancia. Todo lo demás es secundario.

ÁREAS QUE DEBEN SER REVISADAS

En una ocasión alguien pasó por mi oficina y me comentó que había estado en la reunión de pastores, y un pastor, cuyo nombre me dio, se puso de pie y dijo que en Miami había un pastor que sabía mucho, pero que llevaba un montón de años en la ciudad y lo que tenía eran cuatro gatos. El que me hizo la historia me dijo que él creía que el pastor se refería a mí. Le pregunté que cuántos gatos dijo la persona que tenía el pastor a quien se refería y me contestó que cuatro. Le expliqué que entonces no podía referirse a mí porque yo tenía seis gatos. Además, el pastor en cuestión sabía mucho, por lo tanto no podía ser yo. La historia no tuvo más trascendencia.

Cito a continuación unas palabras de Thomas Merton que estimo son apropiadas en este contexto: «No hay que depender de la esperanza de resultados. Cuando estás haciendo el tipo de trabajo que has elegido —especialmente una obra apostólica—, quizás tendrías que, aun sin alcanzar ningún resultado sino lo contrario de lo esperado, concentrarte, no en los resultados, sino en el valor, en lo justo y en la verdad de la obra misma... Todo el bien que haces no vendrá de ti mismo sino del hecho de que has permitido que tú mismo —en la obediencia de fe— seas usado por el amor de Dios».

Si la ausencia de resultados visibles es motivo de preocupación la persona tiene que preguntarse si está donde Dios le quiere, si está haciendo lo que Dios quiere y si lo está haciendo de forma responsable, con motivaciones sanas.

Juzgado por las normas de algunos «expertos» modernos del crecimiento de la iglesia, Adoniram Hudson fue un fracaso como misionero en los primeros ocho años de su ministerio en Birmania. No fue hasta el octavo año que este siervo de Dios pudo ver el primer convertido. Durante esos largos años murió su esposa y él muchas noches las pasó colgado por los tobillos en prisión. Total fracaso durante los primeros ocho años.

Lo importante es aceptar que unos siembran y otros riegan, y descansar en la certidumbre de que solo Dios puede dar el crecimiento. «Digo, pues, por la gracia que me es dada, a cada cual que está entre vosotros, que no tenga más alto concepto de sí que el que debe tener, sino que piense de sí con cordura, conforme a la medida de fe que Dios repartió a cada uno. Porque de la manera que en un cuerpo tenemos muchos miembros, pero no todos los miembros tienen la misma función, así nosotros, siendo muchos, somos un cuerpo en Cristo, y todos miembros los unos de los otros. De manera que, teniendo diferentes dones, según la gracia que nos es dada, si el de profecía, úsese conforme a la medida de la fe; o si de servicio, en servir; o el que enseña, en la enseñanza; el que exhorta, en la exhortación; el que reparte, con liberalidad; el que preside, con solicitud; el que hace misericordia, con alegría».[17]

La obligación de quien sirve a Dios es ser fiel sembrando o regando. Ser fiel en la misión que Dios le ha encomendado, dejando los resultados en las manos de él.

Las estadísticas son preocupación de los que esperan la recompensa en este mundo; aquellos a quienes interesa aparecer en *quién es quién* en la iglesia como organización, o ganar el premio del predicador del año, o ser el pastor de la iglesia mayor del mundo. Aquí los números, o cualquier otro indicador humano de éxito, son fundamentales aunque también son causa de ansiedad.

En realidad, ¿cuándo se triunfa y cuándo se fracasa? Yo soy de la opinión que, independiente a lo que se pueda o no demostrar, triunfa aquel cuya vida corresponde a la voluntad de Dios. Fracasa aquel cuya vida no corresponde a la voluntad de Dios. El triunfo y el fracaso no se juzgan por parámetros sociales sino por el cumplimiento del propósito de Dios en la vida del que le sirve. Fracaso y triunfo son experiencias íntimas que solo Dios y el que triunfa o fracasa conocen.

ÁREAS QUE DEBEN SER REVISADAS

6) *Sentido de ubicación.*
Fundamental en la vocación ministerial es el sentido de ubicación divina. El que acepta el llamado de Dios no puede pensar desde el punto de vista de las organizaciones humanas donde los ascensos, el lugar y el nivel de servicio, representan un papel importante en la decisión. Dios es el jefe de Personal de su iglesia. Él es quien decide cómo, cuándo y dónde quiere utilizar a los que le sirven. Lo importante no es lo que se hace ni dónde se hace, la importancia social que tiene el trabajo, o la remuneración económica, sino la certidumbre de que eso es lo que quiere Dios. Y allí hay paz, hay gozo, hay disfrute, hay reposo y lo que se hace y dónde se hace no se cambiaría por nada en el mundo.

Al principio de mi ministerio acepté el pastorado de una pequeña congregación de escasos recursos económicos. Alquilé una casita de un dormitorio. Pero el primer mes descubrí que la iglesia no podía pagar el alquiler.

En el antiguo almacén que nos servía de templo hice un cuarto donde cupiera una cama de una persona y una mesita donde cocinar y comer y que, además, me sirviera de escritorio. Esta mesita sería lo que hoy llamarían de multiuso.

El cuarto lo hice utilizando dos paredes del edificio que hacían esquina, una tercera pared de cartón prensado y para la cuarta pared usé una cortina que, además de pared, serviría de puerta.

Yo cocinaba mi comida en este cuartito y lavaba los platos y ollas en el lavamanos del templo. Como no tenía ducha me bañaba en el baptisterio.[18] Yo soy el cristiano que más veces se ha bautizado. Si el bautismo es el criterio yo soy el mejor calificado para ser presidente de la Convención Bautista. Me bautizaba todos los días, por lo menos una vez. A veces más de una vez debido al calor. El techo era de metal y el aire acondicionado creo que todavía no lo habían inventado. Estos baños-bautismos eran ejercicios de humildad, la llave estaba muy bajita y tenía que arrodillarme.

Volvamos a la fuente

En esas condiciones ni pensar que pudiera contraer matrimonio, a pesar de mi noviazgo con Carmita que iba por los cuatro años.

Un domingo por la noche nos visitó el superintendente de la denominación de la que la congregación y yo éramos miembros. Terminado el culto me dijo que la congregación de la ciudad de Guantánamo necesitaba un pastor.

Yo había predicado en esa congregación y sabía que tenía una confortable casa pastoral y la capacidad económica para sostener al pastor con comodidad. Además, tenía un buen número de líderes efectivos. Todos los indicadores apuntaban a una magnífica oportunidad.

El superintendente me dijo, medio en broma: «todo párroco tiene derecho a mejorar de parroquia y, además, allí podrás contraer matrimonio enseguida». Esta última parte fue la que confirmó mi llamado para Guantánamo. ¡Dios había hablado! Sin pensarlo dos veces le dije que contara conmigo y nos despedimos.

Antes de acostarme en mi angosta camita situada en mi estrecho cuarto, separado de los bancos del templo por la cortina de que ya he hablado, me arrodille a orar y pedir a Dios dirección sobre la oferta que me habían hecho.

Pensé en mi pequeño rebaño y en quién estaría dispuesto a pastorearlo. Teníamos un grupo de jóvenes estudiantes y se me ocurrió que a lo mejor quien tuviera las condiciones para atenderlos no estaría dispuesto a aceptar. No teníamos mucho que ofrecerle.

Un breve tiempo de oración fue suficiente para saber que yo no me podía ir. No fue algo dramático. No fue una noche de clamor hasta que rayara el alba. No me tomó cuarenta y un días de ayuno. Todo lo que hizo falta para saber el rumbo fue una sencilla pregunta al que está sentado en el trono: ¿Puedo irme para Guantánamo? Con los años aprendí que ni aun esa pregunta debía haber hecho. Hoy sé que Dios no te manda a un nuevo lugar sin antes haberte dicho que tu tiempo ha terminado donde estás.

Al día siguiente empezaba la convención anual de la denominación. Lo primero que hice en la mañana fue buscar al superintendente, agradecerle su interés y decirle que yo seguiría donde estaba. En mi opinión, aceptando el riesgo de estar equivocado, esas eran las instrucciones del Señor comunicadas a mi corazón como respuesta a mi pregunta.

Seguiría soltero, bañándome en el baptisterio y lavando los platos y las ollitas en el lavamanos, además de mis encuentros esporádicos con el hambre. En una ocasión solo tenía veinte centavos para atender las tres comidas regulares del día. Me dije: si los uso para el almuerzo (olvídese de desayuno) por la noche estaré muriendo de hambre. Si los dejo para la comida a lo mejor no llego allá. Decidí usarlos a media distancia entre almuerzo y comida. Como a las tres de la tarde fui a la plaza del mercado y compré un emparedado de lechón asado. Ya quedaba poco lechón, principalmente grasa, además de estar frío. Hacía ya rato que había pasado la hora del almuerzo. Cuando esa bomba cayó en un estómago que ya hacía rato entonaba una sinfonía fue casi una sentencia de muerte.

Para mí, joven y soltero, pasar hambre era una aventura, parte del romanticismo del ministerio. Pero que Carmita pasara hambre ya eso era otra cosa, el matrimonio tendría que esperar.

Permanecería donde estaba, en medio de las circunstancias que he descrito, sin saber por cuánto tiempo más, pero con el gozo de saber que hacía lo que entendía que el Dios que había aceptado como Señor quería. Que otros lo entendieran, aun la mujer que amaba y con quien deseaba contraer matrimonio, era secundario. Lo importante era satisfacer mi comprensión de la voluntad del Señor, aun corriendo el riesgo de haberla equivocado. ¿Fanático? ¿Complejo de mártir? No. Consistente.

Me tomaría dos años más contraer matrimonio y podría hacerlo no porque hubiera mejorado la situación económica de la congregación, sino por una idea que me dio un amigo. Me dijo que en la ciudad donde vivíamos había maestras cuyas escuelas estaban en el campo o en otras ciudades cercanas y necesitaban transportación. Me explicó que si me conseguía una máquina[19] yo podría prestarles el servicio de transportación y ganar un buen dinerito. Aquí me ayudó mi concepto de vivir por fe. Para mí vivir por fe es creer que Dios es mi proveedor. Él puede proveer en forma extraordinaria, a través de cuervos, maná en el desierto, un cheque inesperado en el correo o a través de cualquier trabajo honesto. Los que viven bajo la sombrilla del señorío de Cristo no dividen la vida entre sagrada y secular.

Mi posición es que si la congregación que sirvo tiene los recursos debe sostenerme dignamente. Si después que los miembros satisfacen honestamente sus obligaciones financieras con la iglesia los fondos no alcanzan, Dios suplirá de otra fuente. Yo no renuncio a un pastorado por que la iglesia no pueda sostenerme. Si tienen los recursos y no quieren, creo que es inmoral que los pastoree. Pero si no tienen los recursos es inmoral que los abandone.

Fui a Estados Unidos, ahorré setecientos dólares, que en la década de los 50 era bastante dinero y compré la máquina que necesitaba.

Regresé a Cuba y conseguí seis maestras que necesitaban transporte. Me levantaba con tiempo para recoger a la primera maestra a las seis de la mañana. La última escuela estaba en el campo, frente a esta había un árbol frondoso debajo del cual yo estacionaba la máquina. Esta era mi oficina hasta las doce del día, hora en que terminaba el horario escolar público. Era una sola sesión.

Cuando terminaban las clases hacía la ruta a la inversa y como a las dos de la tarde llegaba a mi casa. Almorzaba y salía a hacer mi trabajo pastoral.

Frente a la última escuela había una carnicería de campo donde mataban vaquitas jóvenes. Allí compraba carne más barata y de mejor calidad que la de la ciudad. Mientras había pastores pasando hambre, viviendo por fe a su manera, yo vivía por fe, a mi manera, comiendo filete mignon.

¿Por qué no acepté la oferta del superintendente y seguí dos años más soltero? ¿Por qué no acepté un pastorado que me sostendría y al que podría dedicar todo el tiempo sin tener que ser chofer de maestras? ¿Por qué seguí en un pastorado que no podía sostenerme y en el cual tenía que ser pastor y chofer de maestras? ¿Por qué demoré mi matrimonio? Pueden estar seguros que no fue porque tenía un complejo martirológico. La sencilla razón, sin la coreografía melodramática que algunos dan a su llamado, es que entendí que Dios me quería donde estaba. Tan simple como eso. El que sirve a Dios debe estar donde Dios lo quiere y no donde a él le parece que le conviene. Aunque, en realidad, donde le conviene es donde Dios le quiere. Naturalmente el hombre carnal no entiende las cosas que son del Espíritu porque le son locura.[20]

El sentido de ubicación espiritual es fundamental para una vida plena y un ministerio efectivo desde el punto de vista de Dios, aunque no parezca efectivo juzgado por parámetros humanos. La certidumbre de ubicación divina es fuente de contentamiento y paz. La ubicación espiritual afirma. La desubicación es fuente de ansiedad e incertidumbre. Aunque puede estar rodeada de fama y bienes materiales.

La ubicación espiritual da un sentido de equilibrio y contentamiento que nada en este mundo puede sustituir. El Dios que dijo que donde estuviera vuestro tesoro allí estaría vuestro corazón[21] jamás nos pondría donde no estuviera nuestro corazón. Sería cruel ponernos en un lugar y a nuestro corazón en otro. Ubicación espiritual es hacer nuestro tesoro la voluntad de Dios.

Cuando se acepta a Cristo como Señor se renuncia al derecho a decidir, se renuncia a posición o a prestigio. Cuando se acepta a Cristo como Señor ese es el último acto de libertad que el cristiano ejecuta. A esto algunos pueden llamarlo fanatismo. Yo opino que se llama honestidad, consistencia.

8) *Esposa del pastor.*

La condición de esposa de pastor también debe ser revisada. La tradición en algunas iglesias es hacer a la esposa del pastor, automáticamente, pastora. Pero la esposa del médico no es necesariamente médica, tampoco la del ingeniero o la del carpintero.

El hacer a la esposa del pastor automáticamente pastora ha creado tensión en algunas esposas de pastor que entienden no tener la vocación pastoral. Estas mujeres cumplen a cabalidad su papel de esposas y participan como miembros del cuerpo de Cristo en la vida de la iglesia, pero algunos no están satisfechos con eso. Para esta gente la esposa del pastor tiene que ser pastora, directora del coro, presidenta de la sociedad de damas o predicadora. A estas esposas les hacen la vida difícil, desarrollando en ellas culpa falsa y la impresión de que le han fallado al esposo y a Dios.

No existe ninguna base bíblica para exigir a un pastor contraer matrimonio con una mujer que tenga llamado al ministerio. Idónea en este caso no significa pastora.

El pastor, como cualquier otro cristiano, debe contraer matrimonio con una mujer cristiana a quien ama y con quien es compatible. Y esta mujer, al aceptar el amor de este hombre no está aceptando ser la directora de la sociedad de damas de la iglesia, o del coro, o de la Escuela Dominical, o ser consejera de las mujeres de la iglesia. Ella está aceptando, sencillamente, ser la esposa de un hombre a quien ama, que sucede ser pastor, como podría ser cocinero o albañil. Nadie tiene derecho a esperar de ella ninguna otra cosa.

El caso en que ambos son llamados y deciden contraer matrimonio y combinar sus ministerios en un trabajo efectivo, es una situación diferente. Pero aun en estos casos la tarea más importante de la mujer, sin embargo, será la de esposa. La efectividad con que desarrolle esa función, la de esposa, más que la de predicadora, pastora u otra actividad en la iglesia, facilitará o dificultará la tarea del pastor, que en sí es ya una gestión compleja.

En mi comprensión de la Biblia, Dios nunca hará un llamado a una mujer casada que requiera el abandono o sacrificio de su papel de esposa o de madre en el caso de que tenga hijos.

En una ocasión un pastor, amigo de muchos años, llamó a mi oficina. Me dijo que deseaba hablar conmigo. Le expliqué lo cargado de mi itinerario del día, en el que solo había un espacio vacío de 3:15 a 4 de la tarde, esperando que él lo dejará para otro día pues mi intención era descansar en esos minutos libres. Pero mi amigo me dijo: «estoy en la oficina a las tres y media». No me dio tiempo a decirle que lo dejáramos para otro día, además, noté urgencia en sus palabras.

Cuando mi amigo llegó a la oficina, prácticamente se desplomó en una butaca. Poniendo el índice y el pulgar casi juntos me dijo: «estuve así de cometer adulterio». Me explicó que una mujer lo había mirado dos o tres veces de manera que parecía indicar una invitación. Un día encontró en su escritorio la dirección de la mujer, sin saber quién la había puesto allí. Al juntar miradas y dirección decidió visitar a la mujer, pero no encontró la casa. Me dijo que si hubiera encontrado la casa y las miradas de la mujer expresaban la intención que él había entendido habría cometido adulterio con ella. Le dije, un poco en broma, que la mujer tendría que ser algo extraordinario, a lo que me respondió que no, que era solo una mujer. Entonces pasó a contarme el trato de su esposa.

El hombre estaba asustado por lo que estuvo a punto de hacer y me pidió ayuda. La esposa de este pastor ha sido una trabajadora incansable en los pastorados que él ha tenido. En algunos casos se diría que una trabajadora compulsiva, casi rayando en lo neurótico, pero como esposa la historia era otra. Esta mujer expuso a su esposo a la ruina. No estoy defendiendo a este hombre, ni justificando lo que estuvo a punto de hacer. A pesar de que lo considero un hombre noble y manso, él habría sido responsable de su ruina a pesar de la conducta de su esposa. Yo soy de la opinión que uno es responsable de lo que hace. Mi conducta no debe ser determinada por la conducta de otra persona. Ni por el trato que reciba de esa persona. Pero opino que tampoco se puede desconocer la responsabilidad de ella al someter a su esposo a las presiones que lo somete.

Existe también la esposa de pastor cuyo trabajo es casi imperceptible en la iglesia, pero es el baluarte del pastor, su castillo, su oasis. A ella es a quien él regresa, después de un agotador día de trabajo, a recuperar fuerzas, a recibir estímulo y afirmación frente a los temores que a veces el pastorado genera. No es el regreso a una casa donde la lucha continuará, así como el drenaje emocional que su trabajo produce. No regresa pensando cómo la encontrará, con qué problemas lo estará esperando, en qué estado de ánimo. Es el regreso a una esposa que lo respalda, que cree en él, que lo hace sentirse útil, que entiende su trabajo. Esta mujer quizá no brilla en la iglesia, no predica, no dirige los himnos, no tiene ningún cargo, no dirige nada. Algunos pensarán, que en lo que a la iglesia se refiere, es un cero a la izquierda, pero su función de esposa contribuye a que el pastor brille en la iglesia. En el matrimonio de un pastor, una esposa siempre es superior a una pastora. No digo una buena esposa porque en mi criterio si no es buena no es esposa. Yo considero que esposa, tanto como esposo, no son definiciones legales o sociales sino funcionales, por lo tanto esposa o esposo no pueden ser adjetivados. Se es o no se es.

2. CONCEPTO DEL SEÑORÍO DE CRISTO.

Es imperativo que se revise, a la luz de las Escrituras, el significado del señorío de Cristo. Mi observación me obliga a concluir que yo no sé lo que significa señorío o que algunos cristianos tienen una definición de señorío muy particular.

ÁREAS QUE DEBEN SER REVISADAS

Es curioso oír testimonios de cristianos en los que relatan sus luchas para obedecer el llamado del Señor. Dicen que por mucho tiempo el Señor insistió, pero ellos resistieron. Entonces en forma dramática, como en la conclusión de una ópera, nos dirán como al final el Señor triunfó.

Si estos testimonios corresponden con la verdad, descontando el hecho de que estén un poco dramatizados, como ocurre cuando una historia bíblica es llevada al cine, lo que expresan no es un triunfo espiritual, sino infantilismo espiritual, ignorancia del señorío de Cristo por parte del que da el testimonio.

La gente que escucha el testimonio, si también está en un nivel infantil de la fe, creerá que está escuchando una historia de profunda significación cristiana, una gloriosa experiencia espiritual. ¡El triunfo del amo sobre su esclavo! La persona de fe madura no reaccionará de esa manera a tal testimonio.

Lo que se describe en estos testimonios es absurdo. Inaudito en el marco de referencia del siglo primero, que es el siglo que sirve de contexto a la relación amo-siervo que se describe en el Nuevo Testamento.

El único llamado en el que habría tenido sentido que se produjera esa lucha es el llamado a la salvación. «Venid a mí todos los que estáis trabajados y cargados»[22], es una invitación no una orden. En este caso es un llamado que se hace a la gente que está fuera de la familia de Dios y por lo tanto queda a discreción de la persona la aceptación o declinación. El llamado a la salvación es una invitación, no un imperativo. Aquí puede producirse una lucha espiritual. Pero cuando el llamado a la salvación es aceptado la persona renuncia a su libertad. El último acto en que ejerce su libertad es el de aceptar a Cristo como Salvador y Señor. El tiempo de negociación ha terminado y ahora solo tiene lugar la obediencia absoluta e incondicional. A partir de este momento sus gustos, planes y rumbos son los del Señor que ha aceptado. En realidad la persona ha muerto. «Porque habéis muerto, y vuestra vida está escondida con Cristo en Dios».[23] «Con Cristo estoy juntamente crucificado, y ya no vivo yo, mas vive Cristo en mí».[24] «Mas antes, oh hombre, ¿quién eres tú, para que alterques con Dios? Dirá el vaso de barro al que lo formó: ¿Por qué me has hecho así? ¿O no tiene potestad el alfarero sobre el barro...?»[25] ¿Fanatismo? No. ¿Culto racional? Sí. Está afirmación está respaldada por la Biblia: «Así que, hermanos, os ruego por las misericordias de Dios, que presentéis vuestros cuerpos en sacrificio vivo, santo, agradable a Dios, que es vuestro culto racional. No os conforméis a este siglo, sino transformaos por medio de la renovación de vuestro entendimiento, para que comprobéis cuál sea la buena voluntad de Dios, agradable y perfecta».[26]

La palabra que se usa para siervo en el Nuevo Testamento no corresponde a un empleado doméstico del siglo veinte con todos los derechos laborales que algunos países hoy garantizan a estos. Siervo, como se usa en el Nuevo Testamento, tiene que ser tomado en el sentido que tiene en el primer siglo.[27] Es imposible concebir a un esclavo del primer siglo en lucha con su amo para decidir si lo obedece o no.

El señorío de Cristo y su relación con la iglesia lo han actualizado hasta el punto de haber perdido el sentido que la relación entre amo y esclavo tenía en el siglo primero. Ahora es empleado y empleador, en un sistema democrático, negociando un contrato de trabajo bajo amenaza de huelga. Ahí es donde reside la pobreza de la iglesia actual, a pesar de su resplandor social, económico, numérico o de aparente milagrosidad.

Cristo ya no está sentado en su trono. Ya no señorea sobre su heredad. Ahora dialoga con sus iguales buscando consenso acerca de lo que él quiere hacer. ¡Qué lejos está esto de la Biblia!

Se ha olvidado que la iglesia es una teocracia no una democracia. El Señor no consulta con nadie. Él ordena soberanamente.

«¡Oh profundidad de las riquezas de la sabiduría y de la ciencia de Dios! ¡Cuán insondables son sus juicios, e inescrutables sus caminos! Porque ¿quién entendió la mente del Señor? ¿O quién fue su consejero? ¿O quién le dio a él primero, para que le fuese recompensado? Porque de él, y por él, y para él, son todas las cosas. A él sea la gloria por los siglos. Amén».[28] «¿Quién midió las aguas con el hueco de su mano y los cielos con su palmo, con tres dedos juntó el polvo de la tierra, y pesó los montes con balanza y con pesas los collados? ¿Quién enseñó al Espíritu de Jehová, o le aconsejó enseñándole? ¿A quién pidió consejo para ser avisado? ¿Quién le enseñó el camino del juicio, o le enseñó ciencia, o le mostró la senda de la prudencia?»[29] «Palabra de Jehová que vino a Jeremías, diciendo: Levántate y vete a casa del alfarero, y allí te haré oír mis palabras. Y descendí a casa del alfarero, y he aquí que él trabajaba sobre la rueda. Y la vasija de barro que él hacía se echó a perder en su mano; y volvió y la hizo otra vasija, según le pareció mejor hacerla. Entonces vino a mí palabra de Jehová, diciendo: ¿No podré yo hacer de vosotros como este alfarero, oh casa de Israel? dice Jehová. He aquí que como el barro en la mano del alfarero, así sois vosotros en mi mano, oh casa de Israel».[30] «Volviéndose Pedro, vio que les seguía el discípulo a quien amaba Jesús, el mismo que en la cena se había recostado al lado de él, y le había dicho: Señor, ¿quién es el que te ha de entregar? Cuando Pedro le vio, dijo a Jesús: Señor, ¿y qué de éste? Jesús le dijo: Si quiero que él quede hasta que yo venga, ¿qué a ti? Sígueme tú».[31] Estos pasajes bíblicos han perdido toda su significación y los han reducido a mitología hebrea.

Dos aspectos de la iglesia en los que en forma práctica se observa la ausencia del señorío de Cristo son los recursos humanos y los recursos económicos de la iglesia. Las denominaciones funcionan como feudos autónomos. Aunque todas reclaman tener a Cristo como Señor, en la realidad él no señorea sobre ellas.

Una situación en la que esto se hace dramáticamente evidente es cuando Cristo quiere poner a un pastor miembro de denominación A en una congregación miembro de denominación B.

En algunas denominaciones esto quizá podría ocurrir, debido a convenios que han resultado de años de negociación, pero en la mayoría de los casos es difícil, si no imposible.

Pongamos un ejemplo. Un ministro miembro de denominación A recibe la invitación para ocupar el pastorado de una congregación miembro de denominación B. Ministro y congregación han orado por la dirección del Señor y en forma responsable coinciden en que es la voluntad de Dios el propósito de trabajar juntos. La paz de Dios ha hecho la decisión en el corazón.[32] Hasta aquí todo marcha bien.

El problema se presenta cuando entra en escena la burocracia eclesiástica. Cuando la congregación de denominación B comunica sus intenciones a sus ejecutivos denominacionales es cuando empieza la pesadilla institucional. El ejecutivo de B le dice a la congregación que quiere tener el pastor de A que no pueden hacer la invitación porque ese pastor «no es de nosotros». El pastor que están solicitando es de «otra» iglesia. El ejecutivo de denominación A le dice a «su pastor» que la congregación que lo está invitando es de «otra» iglesia. Si lo quieren de pastor tienen que solicitar membresía con «ellos». Lo irónico es que A y B dicen que son la iglesia de Cristo y que Jesucristo es el Señor.

El pastor de A tendrá que solicitar membresía en la B. O la congregación de B tendrá que solicitar membresía en la A. En algunos casos, después de mucha negociación, un miembro de A es autorizado a trabajar con B o viceversa. En los casos que no interviene cambio de membresía, se dice que el miembro va en calidad de préstamo. Esto afirma que hay dos jurisdicciones involucradas. No es Dios quien soberanamente mueve su personal dentro de su heredad. Son las estructuras humanas las que permiten el movimiento. Esto en el mejor de los casos. En algunas ocasiones se le da un rotundo no a Dios. Probablemente después de «mucha oración».

Jesucristo tiene que usar ministros de A en A y ministros de B en B, a menos que A renuncie a ser A y se haga miembro de B o viceversa, o que A y B hayan firmado un convenio de intercambio de púlpitos, proceso que puede durar años.

Es probable también que, aunque el pastor de denominación A ha sido pastor por más de veinte años con éxito, no tiene la educación formal u otros requisitos que lo califican para ser aceptado como miembro de la denominación B. Por lo tanto no podrá pastorear la congregación. Lamentablemente, cuando al Señor se le ocurrió que ese pastor trabajara en esa congregación no tuvo en cuenta su currículum vitae. Dios descubrió, para su sorpresa, que durante veinte años ha estado usando como pastor a alguien que no está calificado para serlo. La otra cosa que Dios no tuvo en cuenta fue el proceso. El Señor no estaba consciente de que mover a un pastor de una congregación a otra requiere utilizar los canales apropiados. A Dios siempre se le olvida que él es rey de una monarquía parlamentaria. Cuando se le llama Señor es solo el uso de una palabra de cortesía. El Señor tiene que modificar sus planes. La próxima vez que se le ocurra algo deberá pensar dentro de los límites denominacionales. Hay un orden en que las cosas tienen que ser hechas.

El dinero y el personal son de él, siempre que los utilice dentro del orden establecido por la institución. Dios debe recordar que su señorío es simbólico, no absoluto. Su monarquía es una monarquía parlamentaria. La institución le dirá a Dios, como dirían en mi pueblo «cuentas claras conservan la amistad». Esto me hace recordar la respuesta que dio un dictador a un periodista que le preguntó si no había democracia en el país. El tirano respondió que sí había democracia, pero que no estaba en ejercicio. Dios es Señor, pero su señorío no está en ejercicio. Cuando Dios quiere mover su personal dentro de su heredad se encuentra con serios problemas.

Con el dinero ocurre lo mismo. Hasta donde mi información llega, cada domingo en el momento del ofertorio, se habla de recibir los diezmos y ofrendas del Señor. En las congregaciones de A se dice: Y ahora recibiremos los diezmos y las ofrendas del Señor. En las congregaciones de B dicen: Y ahora recibiremos los diezmos y las ofrendas del Señor. Al recibir el dinero todo pertenece al Señor. El problema se produce cuando el Señor, supuesto dueño de los fondos, quiere girar contra ellos.

Por razones que desconozco algunas congregaciones tienen mucho dinero y poca visión (si es que tienen alguna) y otras tienen mucha visión pero poco dinero. Cuando el Señor quiere usar fondos que tiene depositados en A en un proyecto que ha inspirado en B descubre que no puede hacer la transferencia de fondos. El dinero que tiene en A es suyo solo si quiere usarlo en A. Las denominaciones usan «su» dinero en «sus» misioneros, en «sus» proyectos. Esto presenta una seria situación ética. No es solo una situación de jurisdicción denominacional. Aquí se está jugando con la verdad. ¿Es el dinero del Señor o de la denominación? En el ofertorio se dice que es del Señor. Pero en la práctica solo es del Señor cuando se recoge, cuando se distribuye es de la denominación. El Señor podría llevar a los tribunales a los que piden dinero en su nombre y después no le permiten usarlo a su discreción. ¿Han pensado en el aspecto ético de esta situación los que recogen las ofrendas los domingos?

Si el dinero que se recoge es del Señor debe poder ser utilizado por el Señor. La iglesia no es dueña del dinero, solo administradora. Su responsabilidad es establecer una política fiscal que corresponda a la pureza administrativa. No se trata de darle dinero a cualquiera que reclame servir a Dios.

Para que fondos depositados en A sean utilizados en B o viceversa solo tiene que responderse afirmativamente a tres preguntas.

1) ¿Son cristianos, están sirviendo al Señor, están haciendo su obra?

2) ¿Tienen una necesidad? Aquí el buen administrador tiene que tener una definición de necesidad que pase la prueba de la crítica de la ética bíblica. Si la necesidad es transportación no es un Mercedes o un BMW, es transportación. En mi caso, mi primer medio de transportación fueron mis piernas, después un caballo, más tarde una bicicleta y después un carrito al que había que entrar por la puerta del pasajero porque la puerta del conductor no abría debido a un golpe. No se podía pedir más por ciento cincuenta dólares. Décadas después me pude dar el lujo de un carrito con aire acondicionado.

3) La tercera pregunta es ¿podemos ayudar? No se trata de desvestir a un santo para vestir a otro. El deseo de ayudar puede estar presente, pero los recursos no.

Si la respuesta a las tres preguntas es afirmativa no queda otra alternativa que ayudar. No es relevante que pertenezcan a nuestra organización, que celebren el culto como nosotros, o que tengan nuestra forma de gobierno. Los recursos no son nuestros, son del Señor; o al menos eso es lo que dijimos cuando recogimos el dinero el domingo.

3. CONCEPTO DE PECADO.

El concepto pecado es central en la fe cristiana. La muerte de Cristo está directamente relacionada con él. El Señor dio su vida para redimirnos del pecado. «Por cuanto todos pecaron, y están destituidos de la gloria de Dios».[33] Es el pecado el que crea la separación entre Dios y el hombre.[34] El pecado es el factor determinante entre cielo e infierno. La Biblia dice que «el alma que pecare, ésa morirá».[35]

Fundamental a la salvación del hombre es una comprensión correcta de qué es pecar. Para el disfrute de la libertad gloriosa de los hijos de Dios es de capital importancia determinar qué es pecado y qué no lo es.

Para distinguir la culpa neurótica o falsa de la culpa real, la persona debe saber si ha pecado o no. Una comprensión bíblica del concepto pecado es indispensable para separar lo que es malo culturalmente, pero que no es malo según Dios, así como para determinar lo que es permitido culturalmente, pero no permitido por Dios.

Si lo que Dios condena es el pecado, y uno no quiere ser condenado, saber qué constituye pecado es esencial. La ignorancia en este respecto expone a la persona a la indulgencia de libertades que Dios no da o a cargas que él no impone.

Las preguntas metodológicas de rigor son: ¿Qué es pecado? ¿Cómo determinar lo que es pecar? Responder con una lista de pecados no es de mucha ayuda porque las listas de los grupos que se llaman cristianos no siempre corresponden. Algunos pecados aparecen en unas listas, pero no en otras. Hay pecados que no aparecen en ninguna lista. En otros casos aparecen con diversos grados de gravedad. En otras listas aparece como pecado lo que conceptualmente no lo es, y no aparece lo que sí lo es conceptualmente. Para unos todo es pecado. Para otros nada es pecado. Lo que es pecado para unos no lo es para otros.

Yo he trabajado, a lo largo de casi cincuenta años, con un buen número de denominaciones y congregaciones independientes. En esta relación he tenido la oportunidad de formarme una idea panorámica de lo que constituye pecado en diferentes grupos de cristianos.

No hay consenso con relación al divorcio, al adulterio, a la homosexualidad, a ir a la guerra, a la pena de muerte, o con la manera de vestir, para mencionar algunos ejemplos.

Tengo un amigo al que, a pesar de estar casado con una mujer cuya conducta moral[36], que se negaba a cambiar, le daba incuestionable base bíblica para el divorcio, la denominación le advirtió que si se divorciaba no le permitirían seguir sirviendo en la iglesia. Él se divorció y se puso a trabajar con otra organización. En esta, además de aceptarlo, le dijeron que podría volver a contraer matrimonio; pero la ceremonia no podría llevarse a cabo en el templo, tendría que ser en la casa.[37]

En una ocasión conversé con un pastor sobre la posibilidad de usar las facilidades donde él pastoreaba. Cuando discutimos las áreas de trabajo él me dijo que los mejores miembros de su congregación, los más dedicados y espirituales, eran homosexuales. Está de más decir que esa fue la última conversación que tuvimos. Él no veía la homosexualidad como pecado, yo sí.

De visita en la casa de un pastor, en una ciudad europea, para el almuerzo él abrió una botella de champaña. Yo le dije que parecía que él estaba muy bien económicamente porque el champaña se reserva para ocasiones especiales. Él me contestó que un miembro de la iglesia le había regalado una caja. Cada día, al mediodía, este pastor cruzaba la calle, con una botella vacía de pepsicola grande para comprar vino en una taberna que queda cerca de la iglesia en la acera de enfrente, algo que sería inaudito en algunas latitudes.

Una vez viajando de Puerto Rico a Nueva York pasó algo interesante. Me dirigía al Aeropuerto de San Juan cuando el grupo que me acompañaba quiso parar en lo que en Puerto Rico llaman lechonera. Allí mis amigos ordenaron varios derivados del puerco. Entre ellos morcilla. Me ofrecieron morcilla, pero yo les dije que no quería.[38] Me dijeron que no sabía lo que me estaba perdiendo. Yo les contesté que la disfrutaran. Ya en el avión nos sirvieron en la bandejita de la comida una botellita de vino. Esperé que el de más edad del grupo mirara en mi dirección para empezar a abrir la botellita. Al ver lo que estaba haciendo me dijo:

—De Ávila, ¿qué vas a hacer?

—¿Cuál crees que es mi intención si estoy abriendo la botellita? —le contesté.

Entonces me dijo:

—¡No la vas a beber! Acuérdate que somos cristianos y tenemos que dar testimonio donde quiera que estemos.

Le contesté que él se había hartado de morcilla y yo no lo había molestado, pero ahora que yo iba a beber un chispito[39] de vino él se escandalizaba. Para él la morcilla estaba bien, el vino mal. A pesar de que la morcilla podría ser controversial, si no se tiene una exégesis correcta de Hechos 21:25.

Las contradicciones entre los grupos que se llaman cristianos presentan un problema de lógica con relación al pecado. ¿Cómo puede algo ser pecado y no serlo al mismo tiempo? Hay tanta diferencia de opinión en doctrina entre los que se llaman cristianos que es inseguro seguir la guía de cualquiera de ellos. El resultado final es ansiedad y angustia, derivadas de la incertidumbre, lo que a su vez produce culpa neurótica.

Lo ideal es trabajar con el concepto pecado en lugar de pecados en particular. La conceptualización es superior a un catálogo. Dominando el concepto, la persona está preparada para identificar el pecado en cualquiera de sus manifestaciones, en cualquier lugar o situación, en cualquier cultura, en cualquier país. Esto es posible porque conceptualmente el pecado es algo concreto.

Trabajar con el concepto pecado permite a la persona identificar las cargas de los legalistas y las licencias de los liberales. Permite distinguir lo que dice Dios y lo que dice la cultura. Lo que dice la Biblia y lo que dice la institución. El resultado es el disfrute de la libertad gloriosa de los hijos de Dios. Una dimensión donde no se aceptan las cargas que Dios no pone ni se toman libertades que él no da. El producto final es paz.

En mis contactos con tanta gente que piensa diferente, solo saber qué es pecado me a librado de volverme loco o neurótico, o caer en el libertinaje. De privarme de legítimos placeres de la vida o de entregarme a placeres de pecado. De vivir bajo la constante amenaza de condenación o de llevar una vida licenciosa. Para que se produzca el pecado tres elementos tienen que estar presentes.

ELEMENTOS NECESARIOS AL CONCEPTO PECADO

DIOS. PRONUNCIAMIENTO DIVINO.... ENTE MORAL

La ausencia de cualquiera de estos elementos inhibe la posibilidad de pecar. Para que algo sea considerado pecado los tres elementos deben concurrir.

1. Dios.
Para que haya pecado tiene que haber Dios. El pecado es un concepto teológico. La única disciplina que se ocupa del pecado es la teología. En sociología, psicología o jurisprudencia, disciplinas que tienen que ver con la conducta humana, el concepto pecado está ausente. El pecado no es quehacer de ninguna de ellas. Solo la teología se encarga del pecado.

Sin Dios no hay pecado; porque conceptualmente contra Dios es contra quien únicamente se puede pecar. Si no hubiera Dios nada de lo que se considera pecado podría serlo. El adulterio, el robo, la mentira, el homicidio, la envidia, la murmuración, podrían ser delitos o desviaciones sociales, pero no pecados.

La ausencia de Dios cancela el pecado como concepto. Dios tiene que ser real para que el pecado sea real. Sin Dios no se puede pecar, porque en el rigor del concepto, contra Dios es contra quien únicamente se puede pecar.

Si solo contra Dios se peca y no hay Dios no hay pecado porque ¿cómo se puede actuar contra lo que no es?

El ateísmo, con su negación de Dios, resuelve las consecuencias emocionales temporales del pecado aunque solo en lo que a la experiencia de culpa temporal se refiere, ya que la negación de Dios no suspende la pena eterna del pecado. Para el concepto pecado Dios no tiene que ser aceptado, solo ser real. Negar a Dios no lo hace irreal.

2. Pronunciamiento divino.
El segundo elemento es el mandamiento de Dios. Dios tiene que haberse pronunciado. Un Dios silente hace imposible el pecado. Conceptualmente, pecar es ir en contra de la opinión de Dios. Por lo tanto Dios tiene que haberse pronunciado. Nada es intrínsecamente pecado. Ninguna conducta o estado es inherentemente pecaminoso. Nada es malo o bueno en sí mismo. Lo malo y lo bueno existen por definición. El pecado es una definición que Dios hace de actitudes, emociones, acciones o estados.

Que un hombre tenga más de una mujer no es en sí mismo pecaminoso. Que una mujer sea esposa de varios hombres simultáneamente no es inherentemente pecado. No hay nada intrínseco en la relación sexual de un hombre con una mujer o con varias, o de una mujer con un hombre o con varios, que lo haga pecaminoso. Yo tuve un profesor africano, en cuyo país la poligamia era legítima, que decía «variety is the spice of life».[40]

No hay nada en la relación sexual misma que la identifique como pecado. La poligamia o la poliandria no son estados pecaminosos por naturaleza, como tampoco la monogamia es virtuosa en esencia. La poligamia es pecado por definición y la monogamia es virtuosa por definición. El pecado es una definición divina.

El caso de la segunda mujer del patriarca Abraham ilustra este punto. Sara, la esposa de Abraham, sugirió a este que tomara por mujer a Agar su esclava[41], algo inaudito en nuestra cultura. Abraham (como buen marido) quiso complacer a su esposa y tomó por mujer a la esclava.

ÁREAS QUE DEBEN SER REVISADAS

En los documentos bíblicos de la época nada indica que Abraham haya pecado al tomar a Agar por mujer, o que a Dios le hubiera parecido mal. ¿Por qué no pecó Abraham? ¿Por qué no se le llama adulterio a su acción? Porque Dios no había definido esa relación. Por lo menos no tenemos esa información en los documentos canónicos de la época. ¿Por qué el mismo hecho sería pecado hoy? El hecho sigue siendo el mismo. Nada ha cambiado en la anatomía o fisiología del sexo. La mecánica es la misma. La razón por la que hoy la conducta de Abraham sería pecado es porque ahora existe una definición divina al respecto. Dios se ha pronunciado condenando esa práctica. El Nuevo Testamento categóricamente dice «marido de una sola mujer».[42]

La posición actual de Dios es que la relación sexual tiene que producirse dentro del vínculo del matrimonio entre dos personas de sexos opuestos. Antes no había que hacer la aclaración «sexos opuestos», lo heterosexual estaba implícito, lamentablemente hoy hay que hacer la aclaración.

Me contó un pastor que al hospedarse en un hotel de una capital asiática, cuando entró por la noche a su cuarto encontró a una bella joven. Cuando mi amigo le preguntó que qué hacía allí, ella le contestó con naturalidad que estaba incluida en el cuarto. Ella estaba allí para complacer sus deseos.

Así como hay hoteles que ponen una botella de champaña o una cesta de frutas de cortesía, este hotel ponía una hermosa mujer. Mi amigo le dijo a la muchacha que podía retirarse, que él no la necesitaría.

Por ser un hotel de lujo la muchacha debe haber estado saludable, no existía la posibilidad de una enfermedad venérea; el sida todavía no se había convertido en una plaga. Él vivía al otro lado del mundo, su esposa no se enteraría. Mi amigo era un hombre saludable y su vigor sexual le habría permitido haber tenido relación sexual con esa muchacha y al día siguiente con su esposa, y esta no podría haber notado ninguna diferencia. Se podrían haber tomado las precauciones para que la muchacha no quedara embarazada. No intercambiarían ni direcciones ni teléfonos y jamás se habrían vuelto a ver. No se estaría cometiendo un delito pues las leyes del país donde el hotel se encontraba permitían ese tipo de relación en un hotel. Para una persona no cristiana las consideraciones que hemos enumerado habrían sido los elementos de juicio para la decisión, pero no para un cristiano. Para un cristiano la base de la decisión es ¿lo permite o lo prohíbe Dios? Que lo descubran o no, que lo contagien o no, que lo pongan en la cárcel o no, es irrelevante. La fuerza recae en lo que Dios dice, no en lo que las costumbres o lo que las leyes del país dicen, tampoco en la oportunidad. Lo que dice la Biblia es lo que determina la neutralidad, pureza o pecaminosidad de la situación. Este es un punto sumamente importante. Solo Dios puede hacer la determinación de lo que es pecado.

Pienso que a mi amigo le gustan las mujeres, por eso está casado. ¿Por qué no disfrutó mi amigo a esta muchacha como parte de los servicios del hotel? ¿Por qué rechazó a la muchacha? Sencillamente porque Dios condena el adulterio y él es cristiano y acepta que el hombre debe tener relaciones sexuales solo con su esposa. Pero no tenemos que declarar a este hombre cristiano del año. Su conducta es sencillamente lo que se espera de alguien que reclama ser cristiano.

La diversidad de criterios entre los cristianos con relación al pecado obedece a la ausencia de la Biblia. No se usa la Biblia, sino las costumbres o las opiniones de los líderes de la iglesia.

El pronunciamiento de Dios es de importancia cardinal. Dios tiene que expresarse. Si se atendiera este aspecto fundamental de la fe cristiana la acción liberadora del evangelio se facilitaría.

Para los cristianos las determinaciones de Dios están contenidas en la Biblia. Desde la perspectiva de la fe cristiana Dios se revela en la Biblia. Su voluntad está expresada en las Sagradas Escrituras. Es importante insistir en que, para que algo sea pecado,

ÁREAS QUE DEBEN SER REVISADAS

Dios tiene que ser quien lo defina así. Y lo defina en la Biblia. Esto evita que estemos a merced de las visiones, sentimientos y especulaciones del hombre. Es irónico que mucho de lo que se considera pecado es norma social o el capricho del hombre. Sin embargo, cosas que sí son pecado, pero que son socialmente aceptables no tienen gravedad para muchos cristianos.

Para establecer lo que es pecado tiene que presentarse la documentación bíblica. La educación bíblica en este sentido es fundamental. Aquí la hermenéutica representa un papel crucial. La iglesia no puede dar a ninguna de sus regulaciones la condición de aquello que de violarse se constituiría en pecado.

La violación de una norma de la iglesia no puede considerarse pecado a menos que esta esté fundamentada en la Biblia y, en este caso, ya no es la norma de la iglesia lo que se está violando sino la voluntad de Dios.

La iglesia puede, si quiere funcionar como una organización humana o un club cualquiera, poner regulaciones a su discreción y aceptar y expulsar miembros basándose en ellas, pero no puede hacerlo como cuerpo de Cristo. Violar una norma de la iglesia no excluye del cielo ni interrumpe la comunión con Dios. Como cuerpo de Cristo, la iglesia solo puede usar como base de la disciplina lo que Dios estipula. Solo es pecado lo que Dios dice que es pecado. Los gustos o disgustos de los pastores u otros líderes de la iglesia solo tienen valor personal. Las costumbres de las iglesias que no corresponden con las enseñanzas de Dios solo tienen un valor institucional y los que no las observen solo pueden sufrir consecuencias humanas, temporales, de orden social. El hombre no puede tener señorío sobre la heredad del Señor.

Es obvio que el que quiera puede someterse al señorío del hombre y dejarse esclavizar espiritualmente y permitir que lo graben con mandamientos de hombres. En mi pueblo decían que el que por su gusto muere la muerte le sabe a gloria.

Recientemente estuve en unas reuniones de estudio con pastores y líderes de iglesias. Después de una de las reuniones uno de los asistentes me invitó a cenar y camino al restaurante me dijo: «esta noche estaba en la reunión el apóstol del legalismo», refiriéndose al superintendente de una denominación. Hay personas que se especializan en la formulación de normas y cargas. «Esto es pecado», «aquello no se hace», «los cristianos no hacen tal cosa», «eso es del diablo». Con relación a esto la Biblia nos advierte: «Pues si habéis muerto con Cristo en cuanto a los rudimentos del mundo, ¿por qué, como si vivieseis en el mundo, os sometéis a preceptos tales como: No manejes, ni gustes, ni aun toques (en conformidad a mandamientos y doctrinas de hombres), cosas que todas se destruyen con el uso? Tales cosas tienen a la verdad cierta reputación de sabiduría en culto voluntario, en humildad y en duro trato del cuerpo; pero no tienen valor alguno contra los apetitos de la carne».[43] La Biblia es fundamental en la definición de lo que es pecado. Recordemos lo que me dijo el pastor cuando le pedí la base bíblica para rechazar mi libro *El Purgatorio Protestante*: ya te he dicho que esa es mi opinión pastoral. Algunos pastores usurpan el lugar de Dios y definen lo que es pecado. Agradeceré siempre a los que me enseñaron que la Biblia es la regla infalible de fe y conducta.

3. Ente moral.

El tercer elemento en el concepto pecado es el ente moral. Ese Dios que es, y quien habla, tiene que hablar en el contexto de un sujeto que pueda tomar una postura frente a su pronunciamiento. Sin la presencia de un ser, con la capacidad de disentir o asentir con relación a lo que Dios dice, el pecado no puede producirse. La libertad, para obedecer o desobedecer, de aquel a quien Dios habla es esencial. La gran responsabilidad moral del pecado es que el hombre es el que hace la decisión de pecar o no. La responsabilidad no cae sobre una fuerza extraña, el diablo o la tentación. El pecado es responsabilidad personal humana.

En la jurisprudencia de algunos estados se hace una diferencia entre conducta y acción que puede ilustrar el aspecto moral del pecado. Conducta es aquello que es instintivo, lo que está integrado en los organismos no racionales. Acción es aquello que está determinado por la voluntad. En este sentido los seres irracionales se comportan (conducta), los racionales actúan (acción). Ilustraré estos conceptos. Una mariposita, de las que son atraídas por la luz, se comporta no actúa. Ella no observa la luz y analiza la situación diciendo «esa luz es atractiva y su calorcito me agrada, sería placentero dar vueltas alrededor de ella y disfrutar de su calor, pero hay el riesgo de que me queme». Y hecho este análisis decide por un curso de acción.

La mariposita no sabe la definición que dan los economistas del valor de una cosa. Ella ignora que el valor de una cosa es lo que se sacrifica para obtenerla. Ella no discurre: «el disfrutar de la luz y su calor significa el riesgo de sacrificar mi vida, y la seguridad de la vida significa sacrificar el disfrute de la luz. ¿Decido por la luz o por la vida?» Otra opción, también imposible para la mariposita, sería que la mariposita está cansada de vivir, decide suicidarse y dice «adiós mundo cruel», y se suicida, dando vueltas alrededor de la luz hasta que muere. Estas alternativas no están a disposición de la mariposita porque ella no tiene la capacidad de actuar, aquí no hay acción, hay conducta, la voluntad no está presente. La mariposita no ha cometido suicidio en el sentido legal o moral, sencillamente ha muerto, y ella no es responsable de su muerte.

En el caso de un ser racional lo que hizo la mariposita habría sido considerado suicidio y por lo tanto pecado, a menos que se demostrara que el sujeto no tenía dominio de sus facultades mentales, argumento que se utiliza como defensa en algunos tribunales.

El pecado resulta de una acción, que viola un precepto divino, en la que está presente el ejercicio del intelecto y de la voluntad.

Algunos tratan de escapar de la responsabilidad del pecado diciendo que Satanás los enredó o que la tentación fue muy fuerte. Pero la tentación, conceptualmente, es solo una oferta que tiene las alternativas del sí y del no. Para que sea tentación el sujeto debe poder ceder o resistir, a su discreción. Él tiene la última palabra, no la tentación. Cuando la Biblia dice que Jesús fue tentado en todo pero sin pecado, el «pero sin pecado» no deriva de su naturaleza divina, sino del ejercicio de su voluntad humana, de lo contrario la Biblia no podría contener las palabras de Cristo: «ejemplo os he dado».[44]

El ejemplo de Cristo no se limita al lavamiento de los pies, que es el contexto en el que él dice «ejemplo os he dado», sino a la totalidad de su experiencia de encarnación, que es el significado que tiene la expresión «y habitó entre nosotros».[45] Pedro dice que Cristo nos dejó ejemplo para que sigamos sus pisadas.[46]

Satanás tampoco es defensa que libre al hombre de su responsabilidad del pecado. Según la Biblia Satanás no es un ser soberano que puede hacer que el hombre haga lo que este no quiere hacer. Ni Dios, quien sí podría soberanamente hacerlo, lo hace. El poder de Satanás se limita a ofrecer, incitar, sugerir. El hombre decide si dice que sí o si dice que no. Esa es la gran responsabilidad moral del pecado.

En una ocasión un hombre quiso explicarme su pecado con Satanás. Yo le dije:

—No meta a ese señor en este asunto.

—¿Usted no cree en Satanás? —me respondió él.

—Que yo crea o no en Satanás no tiene relevancia en este momento. ¿Quién lo hizo, tú o Satanás? —le respondí.

—Yo —me contestó, entonces le dije:

—No metas a Satanás. Tú eres el responsable.

El poder de Satanás se limita a ofrecer, el hombre decide si acepta o declina. En eso consiste la gravedad moral del pecado. La responsabilidad final es del hombre. No del diablo, o del mundo, o de los demonios o de la tentación, sino del hombre.

ÁREAS QUE DEBEN SER REVISADAS

En el concepto pecado la responsabilidad personal es fundamental. Si el hombre no es responsable, el pecado no está presente. Solo si concebimos al hombre como un ser moralmente responsable es posible el pecado. El ejercicio de la voluntad es de cardinal importancia. El pecado solo es posible si aceptamos el libre albedrío del ser humano.

Pienso que el concepto pecado puede ser esclarecido si trabajamos con las agencias que se encargan de definir la conducta humana. Esto, además, nos permite purificar el concepto deslindándolo de las normas sociales y del aspecto jurídico.

AGENCIAS DE DEFINICIÓN DE LA CONDUCTA HUMANA

DIOS—SOCIEDAD—ESTADO

Históricamente los valores humanos se han enunciado en este orden: Dios, Sociedad, Estado.

El proceso de secularización de las sociedades modernas se mueve en dirección diametralmente opuesta a ese orden. Años atrás una ley no era sino la legalización de una norma social que a su vez había emanado de un mandamiento de Dios, o de una posición religiosa. Los actuales ataques a algunas leyes son realmente ataques a Dios. Ejemplos son el adulterio y el divorcio, para mencionar solo dos. Ambas leyes tienen un fondo religioso. Un juez amigo, ya fallecido, me dijo hace algunos años que en su país estaban luchando para decriminalizar el adulterio y definirlo como una desviación social.

El mundo occidental está en una enloquecida campaña para erradicar todo vestigio de la presencia de Dios en la sociedad. Los países desarrollados de Europa son un triste cementerio espiritual. Y países que se consideran cristianos están sumidos en la superstición y la desmoralización. Estas líneas las escribo en España durante la Semana Santa. Las calles se abarrotan de gente que marcha detrás de Cristos muertos. Estas procesiones mezclan escenas de ritos y tradiciones de religiones que no tienen que ver con la fe cristiana. A estos tétricos y fatalistas desfiles, presididos por prelados del mayor rango eclesiástico de la iglesia católica, se unen altos funcionarios del gobierno. Es deprimente la ignorancia espiritual de esta gente.

Estados Unidos está en competencia con Europa por el primer lugar en la bancarrota espiritual. Dios y su iglesia se ridiculizan en programas de televisión. Dios está ausente de los medios de comunicación en masa. Dios es ilegal en la jurisprudencia de este país que pretende confiar en él.[47] La secularización de esta nación persigue todo aquello que se origine en Dios.

El carácter de la conducta humana se determina con relación a la agencia que la juzga.

DIOS	SOCIEDAD	ESTADO
MANDA	NORMA	LEGISLA
MANDAMIENTOS	NORMAS	LEYES
PECAR	DESAJUSTAR	DELINQUIR
PECADO	DESAJUSTE	DELITO
PECADOR	DESAJUSTADO	DELINCUENTE
PECA	DESAJUSTA	DELINQUE

Dependiendo de la autoridad que se use para hacer el juicio, una conducta puede ser pecado, antisocial o delito. Donde el aborto es legal, abortar no sería delito pero sí pecado. De la misma manera, hay conductas que son delitos, o antisociales, pero no pecados. Donde se prohíbe a los cristianos adorar a su Dios esta conducta es delito pero no pecado. En este caso para no pecar la persona tiene que convertirse en delincuente. Esta fue la circunstancia de los apóstoles cuando dijeron: «es menester obedecer a Dios antes que a los hombres».[48] Hay normas sociales que son pecados. Por ejemplo, la costumbre de dar al visitante la esposa del cabeza de familia. Esto, desde la perspectiva cristiana es adulterio. Un ejemplo a la inversa es la envidia, que es pecado, pero que, hasta donde mi información llega, no está contemplada en ninguna norma social como antisocial, ni en ningún código legal como delito.

Hay sociedades nómadas que dejan a los ancianos, debilitados por la avanzada edad y a los enfermos, debajo de un árbol con un poco de agua y comida cuando emigran al aproximarse el invierno. Los que quedan bajo el árbol y los que inician la migración ven esto como un acto de amor. Los que quedan porque no harán lenta la marcha, poniendo en peligro la seguridad del clan. Los que inician el viaje porque no someterán a los enfermos o a los ancianos a los rigores de la marcha. ¿Bárbaro? ¿Cruel? ¿Desde el punto de vista de quién?

Cada cultura tiene sus propias definiciones de lo que es bueno y de lo que es malo. Una cultura no puede ser juzgada con los parámetros de otra. Se cuenta que un turista norteamericano en Japón se burlaba de un japonés que ponía arroz y agua en la tumba de su padre. El americano, riéndose, le preguntó al japonés que cómo comería su padre el arroz. El japonés le contestó que de la misma forma que su padre olería las flores que él le ponía sobre su tumba.

Dios, con sus mandamientos, define lo que es pecado. La sociedad, con sus normas, define lo que es apropiado. El estado con sus leyes, define lo que es delito.

Es fundamental establecer la diferencia entre sociedad, estado y Dios, para no confundir pecado con norma social o con delito. O para no caer en el error de que lo que rompe la norma social o la ley es necesariamente pecado.

Yo he observado que en muchas iglesias la preocupación tiene que ver más con normas sociales que con mandamientos de Dios. La norma puede ser contemporánea o no con los tiempos bíblicos.

4. CONCEPTO DE CONTEXTUALIZACION.

El concepto de contextualización es uno interesante en la iglesia contemporánea. Si uno escucha a algunos teóricos, contextualizar es someter la Biblia al contexto. Dependiendo del contexto Jesucristo es un guerrillero o un terrateniente. Jesucristo puede estar de acuerdo con la homosexualidad o en contra de ella. Cristo está con todos y para todos. El Señor inventó la ética situacional.

En el mes de mayo de 1960 se celebró en la ciudad de Santa Clara, Cuba, una reunión para analizar medidas que el recién instaurado régimen de Castro estaba tomando y determinar la posición de la iglesia frente a ellas. Un ministro, miembro de una prestigiosa denominación, quien luego sería funcionario del gobierno, hizo planteamientos favorables a la política de Castro. Seguido a las declaraciones de esta persona yo dije, con cierta ironía: «En la escuela me enseñaron que el prefijo anti significa en contra de. La fe cristiana está en contra de ciertas cosas. Por lo tanto la fe cristiana es anti ciertas cosas».[49] Su respuesta fue: «Nosotros no estamos en contra de nada sino a favor de todas las causas buenas». Desde luego que el cristianismo está a favor de todas las causas buenas, pero también en contra de todas las causas malas.

Contextualizar no significa que la Biblia diga lo que el contexto dice, sino hacer que lo que la Biblia dice sea inteligible al contexto. Es interpretar el mensaje de Dios para que este sea inteligible. Las formas en que se incorpora el mensaje pueden cambiar, pero su esencia no.

5. CONCEPTO DE EVANGELIZACION.

El primer problema que tenemos con el concepto de evangelización es su definición. Un conocido evangelista ha dicho que si el Concilio Mundial de Iglesias hiciera una definición de evangelismo el concilio se dividiría, en no recuerdo cuántos pedazos.

ÁREAS QUE DEBEN SER REVISADAS

Domingo Fernández, mi querido amigo español hecho cubano, se refirió una vez a los que creen en un cuerpo sin alma y a otros que creen en un alma sin cuerpo.

El concepto de evangelización es uno de los que más polariza a la gente involucrada en el evangelismo. A continuación enumero algunos de los grupos que yo he identificado.

1. Los que piensan que evangelizar es una gestión política. Para estos el interés evangelizador se centra en el cambio de las estructuras de poder. Lo que se redime es el sistema de gobierno. La hermenéutica que hacen del Antiguo Testamento solo tiene sentido político.

2. Hay quienes piensan que evangelizar es un crimen cultural. Como la religión es parte de la cultura de los pueblos a estos hay que dejarlos con sus creencias. Esta gente es proponente de la pluralidad teológica.

3. Los que piensan que evangelizar se limita a mejorar la condición social de los menos afortunados. Viviendo en Puerto Rico oí decir, refiriéndose a una urbanización de alto nivel intelectual y económico, que allí no hacía falta que hubiese una iglesia. Ya esa gente había resuelto su problema. Para los que suscriben la idea de un evangelio solo con dimensión social la iglesia es necesaria solo donde hay pobreza, falta de educación, desnutrición. Evangelizar, por lo tanto, es construir escuelas, hospitales y ayudar con programas agrícolas. Desvinculada esta labor del destino eterno del alma.

4. En posición diametralmente opuesta están los que entienden que evangelizar es llevar gente al cielo, sin preocuparles como esa gente la pasa en su peregrinaje en la tierra. Estos piensan que el evangelio solo tiene una preocupación espiritual. Para esta gente Dios solo está interesado en llevar almas al cielo. El Altísimo está de espaldas a la experiencia humana temporal. Después de todo, el cuerpo es malo y a Dios no le importa. La correlación es, a más sufrimiento y privaciones en la tierra más gozo y recompensa en el cielo.

Orígenes, el famoso maestro de la iglesia del norte de África en el siglo tercero, tenía problemas con el pan del Padre Nuestro por considerar que algo tan común como el pan no podía ser parte de una oración de carácter tan elevado.[50]

Estas últimas dos posiciones dividen a los cristianos en los que tienen un evangelio de este mundo y los que tienen un evangelio del otro mundo. Cristo fundió ambos mundos en uno. «Respondió Jesús y dijo: De cierto os digo que no hay ninguno que haya dejado casa, o hermanos, o hermanas, o padre, o madre, o mujer, o hijos, o tierras, por causa de mí y del evangelio, que no reciba cien veces más ahora en este tiempo; casas, hermanos, hermanas, madres, hijos, y tierras, con persecuciones; y en el siglo venidero la vida eterna».[51]

La evangelización abarca la temporalidad del hombre así como su eternidad. Lamentablemente, como dijera Domingo Fernández, hay quienes evangelizan a un cuerpo sin alma y los que evangelizan a un alma sin cuerpo.

Mi opinión es que la evangelización neotestamentaria contempla al hombre total, integral. Lo que el evangelio salva es esa entidad que se desplaza en un nivel síquico-somático-social.

La división cuerpo alma es extraña a la concepción divina del hombre. En el Génesis, solo cuando el polvo de la tierra y el soplo de vida se funden en uno es que Dios dice: «... y fue el hombre un ser viviente».[52]

Salvación en el Nuevo Testamento tiene el sentido del todo, de lo integral, por lo tanto las partes están incluidas, no separadas. El hombre es uno, aunque su vida sea multifacética.

Los dos niveles fundamentales de lo humano, desde la perspectiva de la fe cristiana, como yo la entiendo, son el material (polvo de la tierra) y el espiritual (soplo de vida). La evangelización desde el punto de vista de la Biblia abarca ambas dimensiones.

El evangelio no evangeliza el alma independiente a su circunstancia, ni la circunstancia independiente al alma. Cuando Dios

redime al hombre redime su intelecto, su voluntad, sus emociones, su sistema de valores, su sociedad, su política, su economía. En otras palabras, Dios redime al hombre y a su circunstancia.
El evangelio tiene que alcanzar todos los niveles en que se expresa la experiencia humana. Si alguno de estos niveles queda fuera de la gracia salvífica del crucificado no puede decirse que el hombre ha sido redimido. Dios salva al hombre, no a partes del hombre. Solo por razones de análisis puede el hombre ser dividido. Eso es lo que a continuación haré, con la advertencia de que si una de las partes queda irredenta el todo no está redimido. Se puede usar la analogía de la ley: si guardas todos los mandamientos menos uno, eres culpable de la transgresión de todos.[53]

a) Nivel espiritual.
Sin duda alguna, si queremos ponerlo en un orden de importancia, el nivel espiritual del hombre es el más importante porque esa es su dimensión eterna. A pesar de la importancia que tiene, el nivel material del hombre es temporal. No transciende la sepultura. Lógicamente, las necesidades espirituales tienen prioridad.
Cristo establece este orden de importancia cuando retóricamente pregunta: «Porque ¿qué aprovechará al hombre, si ganare todo el mundo, y perdiere su alma? ¿O qué recompensa dará el hombre por su alma? ... Por tanto, si tu mano o tu pie te es ocasión de caer, córtalo y échalo de ti; mejor te es entrar en la vida cojo o manco, que teniendo dos manos o dos pies ser echado en el fuego eterno. Y si tu ojo te es ocasión de caer, sácalo y échalo de ti; mejor te es entrar con un solo ojo en la vida, que teniendo dos ojos ser echado en el infierno de fuego».[54] Como ya queda dicho, aunque para análisis se puede separar el nivel espiritual de los otros, yo soy de la opinión que cuando este nivel se redime, todos los otros tienen que, necesariamente, haber sido afectados por la

redención. Yo creo que a eso es a lo que llama la Biblia nuevo nacimiento. Lo que nace de nuevo no son partes del hombre, sino el hombre. «Si alguno está en Cristo, nueva criatura es».[55] La total perspectiva del hombre es alterada. La idea de una gracia que salva a un espíritu que sufre en un cuerpo que peca es extraña a la enseñanza de la Biblia.

La razón por la que en la práctica, en algunos casos, la salvación del alma no altera la totalidad de la experiencia humana se debe, en mi opinión, a una falla del magisterio de la comunidad de fe. El proceso de resocialización de la iglesia está ausente.

El proceso de formación de la nueva criatura se ve afectado, unas veces por la ignorancia de los líderes de la iglesia, otras veces por miedo a ofender, o alejar a la gente. Algunos predicadores han desarrollado una extraordinaria destreza política consultando primero las encuestas y después la Biblia, para decir a la gente lo que quiere oír. A esto algunos le llaman ser sensibles a lo que la gente busca.

Se proclama un evangelio aguado, sin confrontar a la persona con las exigencias del reino. No se les enseña que Cristo ahora es Señor. De su tiempo, de su dinero, de su posición social, de su vida total. El resultado es que no crecen espiritualmente.

En los Estados Unidos, donde estas líneas se escriben, la superficialidad de muchos cristianos es incuestionable. «Muchísimos americanos son creyentes superficiales, quienes fallan en unir la religión con la vida diaria, según el encuestador George Gallup Jr. Hay momentos en que él teme que esta es una tierra de hipócritas quienes no viven lo que dicen. "Queremos los frutos de la religión, pero no las obligaciones", dice Gallup. Años de investigación de la mundialmente famosa Organización Gallup han encontrado brechas en el alma americana. La mayoría de los americanos dicen que creen en Dios, en un Jesús divino, confían en la Biblia y quieren que sus hijos reciban educación religiosa. Pero aquí hay otra paradoja. Las estadísticas indican que los americanos son ignorantes de las doctrinas e historia de la fe que han elegido. La mitad de los cristianos de la nación no saben quién dio el Sermón del Monte».[56]

Pero eso no ocurre solo en Estados Unidos, mi contacto con la iglesia en otras partes del mundo arroja el mismo resultado. Hemos «salvado» al hombre «espiritualmente» sin alterar su contorno. Eso, desde el punto de vista de la Biblia no es salvación, es solo una posición religiosa sin trascendencia.

b) Nivel afectivo.

La conversión tiene que transformar los sentimientos de una persona. El odio, el rencor, la tristeza crónica, tienen que desaparecer. El lugar que estas emociones ocupaban tiene que ser llenado por el amor, el perdón, el gozo.

c) Nivel intelectual.

Algunos, en su evangelización, ignoran por completo el nivel intelectual del hombre. En mi opinión la manera en que algunos presentan el evangelio es ofensiva a la inteligencia. No creo que yo aceptaría el cristianismo en la forma en que algunos lo proclaman. Para aceptarlo tendría que renunciar a mi capacidad de ser pensante. Aparentemente para algunos, mientras más disparatada sea la cosa más sobrenatural es. El axioma es: recibe, no pienses, no razones, solo cree, recibe.

La esencia del evangelio no tiene que ser traicionada en una presentación que sea atractiva al segmento de la sociedad que disfruta de alta educación formal. El evangelio, como yo lo entiendo, es el sistema que más satisface la razón. Recordemos que, según la Epístola a los Romanos, el nuestro es un culto racional. Por lo tanto no solo es legítimo, sino, además, es obligatorio presentarlo racionalmente.[57]

El problema intelectual no reside en el evangelio. ¿Cómo podría residir en el evangelio, si este es la revelación de Dios? El intelectual que, con honestidad, revisa el evangelio encuentra en él la mayor satisfacción que un intelecto sano podría desear. El problema del evangelio con el intelecto reside en su presentación, o en la soberbia de algunos intelectuales.

Algunos piensan que argumentar lógicamente, utilizar la ciencia, en una palabra, usar la razón en la proclamación del evangelio es renunciar a la asistencia del Espíritu Santo y confiar en «la carne». Según esta posición, para no confiar en la carne tienes que ser ignorante. Pero esa no es la enseñanza de la Biblia, sino de la ignorancia, o la de los vagos intelectuales.

Se ha dicho que a Moody, Dios lo usó no por ser zapatero, sino por ponerse en las manos de Dios.[58] Así como un zapatero en las manos de Dios puede ser efectivo, un intelectual como Moisés puede ser utilizado por Dios si se pone en sus manos y usa su educación para la gloria de Dios. El factor determinante no es el grado de educación del hombre sino la disposición de su corazón.

d) Nivel económico.

La economía tiene también que ser evangelizada. Se dice de un hombre que cuando fue a ser bautizado tenía su billetera en la mano. Cuando le dijeron que el dinero se mojaría contestó que esa era la idea. Él quería que también su dinero fuera bautizado. Parece que algunos cristianos no han bautizado sus carteras.

De una capital latinoamericana me pidieron ayuda para la operación del hijo de un líder de una iglesia. El niño necesitaba una operación que costaría dos mil dólares.

A pesar de que en la iglesia donde el padre del niño servía al Señor hay gente millonaria, los dos mil dólares tuvieron que recolectarse entre personas de la clase trabajadora en iglesias de Estados Unidos.

Yo llamé a un amigo que vivía en la misma ciudad donde residía el niño, con la idea de que lo ayudara. Como el hombre, además de llamarse cristiano y ser rico, era médico, pensé que él estaba en condiciones para resolver el problema. Dos mil dólares para este hombre eran como «petit cash». Para mi sorpresa me contestó: «Sí, aquí en el país hay muchos casos como ese». Por estar relacionado con la medicina infantil de su país sabía las estadísticas. Pero, como dirían en mi pueblo «de mi maíz ni un grano». Ahora, si ven a este hombre un domingo dirigiendo el devocional en la iglesia donde es miembro, dirán que el hombre está lleno del Señor.

Yo no entiendo cómo una persona que se considere cristiana puede ver a su hermano en necesidad y decirle que vaya en paz, pero no darle lo que necesite, pudiendo hacerlo.[59]

Cuando una persona es evangelizada según la Biblia el dinero deja de ser suyo para ser del Señor que le ha salvado. Por supuesto, eso no es lo que entienden algunos ricos que dicen haber aceptado al Señor. A lo menos la conducta eso es lo que indica.

Desde luego, yo no justifico al vago, a la persona sin iniciativa que quiere vivir de su hermano que tiene mejor situación económica.

Se cuenta del predicador que llegó a una iglesia y se enteró de que a ella asistía el dueño de una fábrica de zapatos. Una noche, después de la reunión, el pastor invitó a los presentes a un momento de oración en el altar. El predicador visitante se arrodilló al lado del que él creía era el dueño de la fabrica de zapatos y empezó a orar: «Señor, tú sabes que mis ocho hijos, mi esposa y yo necesitamos zapatos y no tengo dinero para comprarlos». El hombre que le quedaba al lado le dijo: «yo no soy el dueño de la fabrica de zapatos, él es el que está en aquel extremo del altar».

Yo soy de la opinión que los ricos de la iglesia no tienen que sostener a los vagos que en esta pudiera haber. La Biblia en esto es categórica, «el que no trabaje que no coma».[60] Parece que temprano en la iglesia del primer siglo apareció el parásito social.[61] Pero esto no releva de su obligación a los que tienen los recursos para ayudar a los que en verdad están necesitados.

e) Nivel social.
La estratificación social tiene también que ser incluida en la evangelización. En los últimos años en América Latina la iglesia ha estado ganando miembros de la clase que los sociólogos llaman alta. El problema que he encontrado es que mucha de esta gente ha cambiado de religión pero no ha modificado su estructura social. La estratificación social se mantiene irredenta.

Se da el caso de la familia que asiste a la iglesia con la empleada que cocina o limpia la casa. A la hora de participar de la Santa Cena se sientan juntos. Pero cuando regresan a la casa, en la hora de la comida, se produce una brusca ruptura. Las que cocinan y limpian la casa comen en la cocina y los «señores» comen en el comedor. Son hermanos en la casa de Dios, pero no en la vida cotidiana. El pan de la Cena del Señor lo comen juntos, pero el pan que perece lo comen separados.

De visita en un país suramericano fui invitado a cenar en un restaurante después de la reunión de la iglesia. La familia donde estaba hospedado también fue invitada así como la madre de mi anfitrión, quien vivía en otra casa. La madre estaba acompañada de la muchacha que trabajaba en su casa. Cuando dijeron que llevarían a la muchacha a la casa y entonces iríamos a cenar yo sugerí que lleváramos también a la muchacha, pero me dijeron que no. Llevarían a la muchacha a la casa y después iríamos a cenar. No insistí porque yo era un visitante, pero me dolió lo que hicieron. Yo no veía ninguna razón para que la joven no nos acompañara. Si me hubiesen dicho que la muchacha tenía que cuidar a la anciana madre, quien quedaría en la casa, habría tenido sentido, pero la ancianita también iba al restaurante. La muchacha quedó sola en la casa.

He pensado que lo mejor será no hospedarme con familias que tengan esa estructura social. Si Dios no los ha cambiado yo no pretendo cambiarlos. Pero yo no estoy obligado a convivir con gente que tiene valores que no comparto.

ÁREAS QUE DEBEN SER REVISADAS

Cuando yo vivía en Bolivia me criticaron porque las personas que trabajaban en mi casa eran parte de nuestra familia. Me dijeron que yo les estaba haciendo daño porque ellos no estaban acostumbrados a ese trato. Yo contesté a la crítica diciendo que a lo bueno uno se acostumbra rápido.

Comíamos juntos en la mesa y nos atendía el mismo dentista y el mismo médico, y yo no veía en esto nada extraordinario. Funcionalmente éramos una familia.

En una ocasión en que estábamos en la mesa y la fuente con la carne quedaba más cerca de la muchacha que cocinaba que de mí ella me dijo que me sirviera yo primero. Yo le dije no, sírvete tú primero. Ella insistió en que fuera yo primero, pero le dije que yo no veía ninguna razón para que fuera yo primero si la carne estaba más cerca de ella que de mí. Sírvete, le dije, y después me la pasas a mí. En nuestra mesa no había estratificación social. Esa joven no era cristiana, pero sí un ser humano.

Discutí en una ocasión con un líder suramericano el hecho de que el evangelio no ha roto las marcadas divisiones sociales en la iglesia latinoamericana y su respuesta fue que eso era parte de la cultura. El apóstol Pablo, un hombre sensible a la cultura de la gente que evangelizaba, no estaría de acuerdo con la explicación de mi amigo. La epístola que escribió el apóstol a Filemón lo demuestra. «Porque quizá para esto se apartó de ti por algún tiempo, para que lo recibieses para siempre; no ya como esclavo, sino como más que esclavo, como hermano amado, mayormente para mí, pero cuánto más para ti, tanto en la carne como en el Señor. Así que, si me tienes por compañero, recíbele como a mí mismo».[62]

Yo soy de la opinión que uno no tiene que renunciar a su cultura para ser cristiano, pero sí a las partes de la cultura que chocan con la fe cristiana. Aquí es donde interviene lo que algunos teólogos llaman sistema de resocialización.

La estratificación social, en lo que a relación se refiere, choca de frente con el concepto de hermandad cristiana porque en Cristo Jesús «... no hay griego ni judío, circuncisión ni incircuncisión, bárbaro ni escita, siervo ni libre, sino que Cristo es el todo, y en todos».[63]

La experiencia cristiana tiene que transformar el sistema de valores sociales de la persona. El problema de la esclavitud en el siglo primero es un magnífico ejemplo del poder de transformación social del evangelio. La epístola a Filemón es el documento clásico de la literatura neotestamentaria de cómo la conversión derriba las paredes sociales. Vale la pena repetir el pasaje de Filemón ya citado: «Porque quizá para esto se apartó de ti por algún tiempo, para que lo recibieses para siempre; no ya como esclavo, sino como más que esclavo, como hermano amado, mayormente para mí, pero cuánto más para ti, tanto en la carne como en el Señor. Así que, si me tienes por compañero, recíbele como a mí mismo».

f) Nivel político.

He observado dos problemas en particular con relación a los cristianos y la política. Uno es la falta de respaldo de la iglesia a sus miembros que participan o quieren participar en la gestión política. Aunque si el miembro llega a ocupar una posición de importancia en el gobierno no tienen inconveniente en sacar provecho de la posición de la persona.

Un amigo de muchos años, ya fallecido, me contó algo triste. Mi amigo llegó a ser senador. Antes de involucrarse en la política había sido un destacado líder evangélico. Este hombre tuvo problemas morales que afectaron su relación con la iglesia. A pesar de ello siempre que yo visitaba la ciudad donde él vivía lo llamaba por teléfono o trataba de encontrarme con él. En una ocasión, en una de nuestras conversaciones me dijo que los pastores lo habían abandonado. Entonces agregó algo, para mí lacerante, «solo se acuerdan de mí cuando necesitan al senador». Algunos cristianos no quieren «mancharse» con la política, pero no tienen inconveniente para beneficiarse de ella. Esto me hace pensar en el pastor que estaba en contra de la lotería. Un miembro de la iglesia le pidió que lo ayudara en oración. Le dijo que estaba teniendo fuertes tentaciones para jugar la lotería. El pastor le dijo que resistiera firme en la fe. Pasaron unas semanas y el miembro volvió al pastor y le dijo que había cedido a la tentación y había jugado. Pero, continuó, ahora tenía otro problema. Se había sacado el premio mayor y no sabía si el pastor aceptaría los diezmos de los millones que había ganado. El pastor le dijo, caíste en la tentación de jugar y ahora vas a caer en la de no dar los diezmos.

El otro problema es la falta de carácter de los que llegan a posiciones de importancia en la vida política. En este grupo se encuentran unos que son políticamente ingenuos y otros que son corruptos.[64]

Entre los ingenuos está el que al llegar al poder trata de cambiar el sistema sin que haya habido cambio en las personas. Esta persona no da tiempo a que su filosofía política perfore la estructura de poder e intereses creados que le rodea y llegue al pueblo que servirá de base para gobernar. De la noche a la mañana quiere aplicar principios cristianos como si la nación hubiese tenido una milagrosa experiencia de transformación espiritual. Este tipo de político no ha entendido las palabras de Cristo «manso como paloma y astuto como serpiente».[65] Tampoco ha prestado atención a las instrucciones del maestro en el evangelio de Lucas.[66]

En el otro extremo está el que llega al poder y se deja contaminar[67] con la corrupción que en su campaña prometió combatir. Hay personas que se llaman cristianas, pero cuando llegan al poder acomodan a familiares en posiciones sin trabajo pero con sueldo.

La filosofía política de la persona que nace a la familia de Dios no puede quedar fuera de la esfera de la nueva criatura. La política, como otras ocupaciones que el pecado ha manchado, puede y tiene que ser redimida. Claro, lo que en realidad se redime no es la abstracción política sino el político.

Se cuenta que una vez un periodista le dijo a Muños Marín, cuando este era Gobernador de Puerto Rico, que se decía que en Puerto Rico había presos políticos. El gran estadista contestó que «en Puerto Rico no hay presos políticos, lo que hay son políticos presos».

Hace años me encontraba en una capital latinoamericana para hablar en una convención. Aprovechando mi visita los dirigentes de la denominación que me había invitado hicieron arreglos para que visitara algunas de sus congregaciones. Una de las que debía visitar quedaba en la periferia de la ciudad. Una vecindad pobre de la clase trabajadora. El pastor me había dicho que él no podría buscarme porque no tenía transporte. Al saber que yo necesitaba transportación, un general del ejército, retirado y ex ministro del interior, a quien recientemente había conocido, me dijo que él me llevaría.

A la hora acordada el hombre llegó a buscarme en su Mercedes Benz. Como yo no sabía qué tiempo llevaba él de cristiano ignoraba qué grado de desarrollo tendría. Yo no tenía mucho interés en que me acompañara por no saber cómo reaccionaría en una congregación humilde y de estilo un poco ruidoso. Pero me arriesgué a que me acompañara.

Durante la reunión, de cuando en cuando yo, con el rabo del ojo, como dirían en mi pueblo, observaba al general. Todo parecía indicar que mi general estaba disfrutando lo que estaba ocurriendo. Mi temor de su reacción al culto había estado infundado.

Cuando terminó la reunión y estábamos de regreso al lugar donde me hospedaba el general me dijo algo revelador de la obra de Cristo en él. Me contó que cuando él era ministro del interior estaba haciendo una cárcel en la selva para encerrar a todos los que se opusieran al gobierno. «Hoy», me dijo, «yo no podría hacer esa cárcel. Ahora soy cristiano». Su política había sido evangelizada. Lamentablemente todas las historias no son tan positivas.

Hace varias décadas me invitaron a dar el discurso de graduación en una escuela secundaria. Terminado el programa un hombre de edad avanzada me dijo que él había asistido por muchos años a las graduaciones, pero era la primera vez que oía predicar el evangelio como parte de los ejercicios de graduación. Lo triste es que esta escuela pertenecía a una denominación evangélica y los directores se jactaban en decir que todos los presidentes del país habían pasado por sus aulas. Irónicamente el país estaba sumido en la pobreza y en la corrupción administrativa. Varias familias ricas oprimían a la mayoría pobre. La riqueza nacional estaba en pocas manos. Los presidentes pueden haber pasado por las aulas de esa escuela, pero en su paso no se encontraron con el evangelio.

La evangelización tiene que producir una transformación total de los valores. Cuando la Biblia habla de nacer de nuevo no se limita a una experiencia mística que solo altera el nivel subjetivo de la persona. La salvación no es un mero fenómeno subjetivo.

La transformación de las ideas tiene que producir modificación en la conducta. El cristianismo es esencialmente conducta. «Por sus frutos los conoceréis».[68] «La fe sin obras es muerta».[69] Aquel cuya conducta no ha sido transformada no ha aprendido el evangelio, no ha aprendido a Cristo.

«Esto, pues, digo y requiero en el Señor: que ya no andéis como los otros gentiles, que andan en la vanidad de su mente, teniendo el entendimiento entenebrecido, ajenos de la vida de Dios por la ignorancia que en ellos hay, por la dureza de su corazón; los cuales, después que perdieron toda sensibilidad, se entregaron a la lascivia para cometer con avidez toda clase de impureza. Mas vosotros no habéis aprendido así a Cristo, si en verdad le habéis oído, y habéis sido por él enseñados, conforme a la verdad que está en Jesús. En cuanto a la pasada manera de vivir, despojaos del viejo hombre, que está viciado conforme a los deseos engañosos, y renovaos en el espíritu de vuestra mente, y vestíos del nuevo hombre, creado según Dios en la justicia y santidad de la verdad. Por lo cual, desechando la mentira, hablad verdad cada uno con su prójimo; porque somos miembros los unos de los otros. Airaos, pero no pequéis; no se ponga el sol sobre vuestro enojo, ni deis lugar al diablo. El que hurtaba, no hurte más, sino trabaje, haciendo con sus manos lo que es bueno, para que tenga qué compartir con el que padece necesidad».[70]

g) Realidad personal.
Para fines de mercadeo o de investigación sociológica los seres humanos pueden ser agrupados en categorías. Las variables que se toman en cuenta pueden ser, entre otras, religión, edad, sexo, educación, estado civil, hijos, hijas, edad de estos, condición social, situación económica, extracción étnica, país en que nace, país donde se forma, país en el que vive y por cuánto tiempo. Con esta información se puede decir que personas que comparten las mismas características reaccionarán, dentro de límites de poca variación, de la misma manera. Sin embargo, a pesar de la similitud de las personas que entran en estas categorías, una realidad permanece invariable. Cada ser humano es una creación única. Ninguna persona está duplicada en otra. Aun entre mellizos, este hecho permanece incontrovertible.

A los fines de investigación, los mellizos se dividen en dos grupos. Mellizos fraternos y mellizos idénticos. Los fraternos no comparten características físicas, son mellizos porque nacen al mismo tiempo. Los idénticos son una copia el uno del otro en lo que a apariencia se refiere. A veces es difícil de distinguir el uno del otro. Pero, en estudios que se han hecho de mellizos idénticos, se ha llegado a la conclusión de que no experimentan la vida de la misma manera.

La experiencia de la vida es un fenómeno íntimamente personal. Ninguna persona está duplicada en otra. Dios no ha hecho dos cosas iguales. No hay dos hojas iguales, no hay dos copos de nieve iguales. No hay dos huellas digitales iguales. Cada ser humano es único. Yo no estoy repetido en ninguna parte. No soy igual a mi madre, padre o hermanas. Yo comparto algunas características con ellos, pero hay aspectos en los que soy diferente a ellos. Algunas cosas no me afectan como a ellos. Yo comparto algunos de los valores de mis compatriotas, pero hay niveles en que yo soy yo y ellos son ellos.

Este hecho fundamental tiene que tenerse en cuenta cuando se evangeliza. Dios nos trata como individuos no como grupos de individuos.

Aunque se pueden hacer programas de evangelización para estudiantes universitarios, para profesionales, para campesinos, para Centroamérica, para regiones de Asia o de Europa, la gestión evangelizadora nunca deberá desconocer la individualidad del ser humano. La palabra de un Dios que creó un mundo tan multifacético siempre hablará al hombre en su realidad personal. Solo cuando el individuo ha sido atendido es que este tiene la capacidad de formar comunidad. «Para que habite Cristo por la fe en vuestros corazones [individualidad], a fin de que, arraigados y cimentados en amor, seáis plenamente capaces de comprender con todos los santos [comunidad] cuál sea la anchura, la longitud, la profundidad y la altura, y de conocer el amor de Cristo, que excede a todo conocimiento, para que seáis llenos de toda la plenitud de Dios».[71]

6. DIVORCIO.

Es imperativo que se haga una revisión de la posición de la iglesia con relación al divorcio. La revisión urge por dos razones.

Primero por la facilidad con que la gente se divorcia. El matrimonio ha perdido su carácter sagrado y un porcentaje alarmante de personas, aun de las que se llaman cristianas, con mucha facilidad rompe el lazo conyugal. Algunos ya entran al matrimonio con la actitud de que si no funciona se divorcian. Ya van condicionados.

La idea de que el matrimonio requiere sacrificio, abnegación y hacer concesiones pertenece a la época de nuestros padres o abuelos, cuando el matrimonio era sagrado y el divorcio se consideraba una tragedia, un estigma en la familia.

Hoy todo ha cambiado. Recuerdo un caso en el que intervine tratando de impedir el divorcio. Hasta el día de hoy ni la señora ni yo sabemos por qué el hombre se quiso divorciar. En otro caso, después de quince años de matrimonio, habiendo adolescentes en la familia, el hombre me dijo que quería su libertad.

Intervine en otro caso. En este la señora se había enamorado y quería divorciarse de su marido para contraer matrimonio con su nuevo amor, quien según ella tenía condiciones que estaban ausentes en su marido. Le dije que lo que iba a hacer era pecado. Su respuesta fue: Entonces ¿estoy condenada a no ser feliz nunca? Que su esposo e hijos fueran infelices parece que no entraba en su consideración. El sufrimiento al que sometería a padres, suegros, amistades y el resto de las familias afectadas no era relevante. Para ella lo único importante era, «yo quiero ser feliz». No creo que jamás comprenderé cómo una persona puede ser feliz al precio de la infelicidad de otros. Para mí esto es imposible. Es contrario al orden establecido por Dios.

Es imperativo que se le reconozca al matrimonio el carácter sagrado que Dios le da. Pero este reconocimiento empieza en el noviazgo. La atracción inicial no es suficiente. Se tiene que pensar que se está estableciendo una relación comparada a la de Cristo y su iglesia. Se está estableciendo la base de una familia. La posibilidad de hijos, cuya formación, en gran medida, depende de la salud del matrimonio, grava con seria responsabilidad. Los divorcios empiezan en el noviazgo, pero algunos bloquean lo obvio para satisfacer el deseo de matrimonio que solo traerá el placer de la luna de miel y en algunos casos ni aun eso, convirtiéndola en luna de hiel.

Yo no oficio en una ceremonia matrimonial a menos que los contrayentes hayan tomado conmigo un curso de diez a doce horas. Depende de la rapidez con que cubramos el material. Al empezar les explico que tomar el curso no significa que los voy a casar. Solo que el curso me permitirá determinar si los puedo casar. Tengo la esperanza de que ellos, también, descubran si deben contraer matrimonio.

En algunos casos, al final del curso establezco que no puedo casarlos. En más de un caso no los he casado. Demás está decir que se han ido de la iglesia, acompañados de sus familiares. Han ido con otro pastor quien los ha casado. Yo no puedo prohibirles que contraigan matrimonio. Pero sí puedo negarme a casarlos. Yo tengo el derecho a no participar en un matrimonio que, en mi opinión, se convertirá en una estadística de divorcio.

Salía yo de un restaurante cuando entraba el padre de un joven de nuestra congregación al que, después de tomar el curso, no quise casar. Oí cuando le dijo a los que estaban conmigo, que venían detrás de mí, «el pastor tenía razón, los muchachos se están divorciando». Esta familia se fue de la iglesia cuando yo no quise casarle al hijo.

En otro caso me negué a casar a una muchacha que era como una hija para mí. Le dije a esta muchacha que viniera a mi oficina con su novio y yo le diría delante de él por qué no los casaba. Yo creía injusto darle mi razón para no casarlos si él no estaba presente. La muchacha no quiso hacerlo. Buscó a otro pastor y contrajo matrimonio. Poco tiempo después de la boda estaba en mi oficina. Tenía problemas en el matrimonio y estaba contemplando la separación. Quería que yo la ayudara. Al final se divorció. Según me contó hubo agresión física que pudo haber sido trágica. Esta muchacha estaba decidida a casarse y no quería escuchar ninguna razón por la que no debiera hacerlo. Un proverbio japonés dice: «Aconseja y advierte, si no te escuchan, deja que la adversidad les enseñe».

¿Soy yo adivino? Desde luego que no. ¿Necesitaba yo el don de discernimiento para saber que estos matrimonios no funcionarían? Por supuesto que no. Dios nos ha dado el raciocinio para no tener que revelarnos lo que es obvio. Yo le digo a la gente que, después de casi cincuenta años en el ministerio, por bruto que sea debo haber aprendido algo. Estos divorcios se veían venir. Era cuestión de tiempo.

El divorcio empieza en el noviazgo. La gente analiza más la decisión de comprar una casa que la decisión de con quién contraerá matrimonio. Investiga más para comprar un automóvil que a la persona que escoger para padre o madre de sus hijos. La persona con la que va a pasar el resto de la vida. La persona con quien va a compartir el fruto de toda una vida de trabajo.

Se tiene que reconocer que al matrimonio solo deben entrar adultos, no solo en el sentido de la edad cronológica sino en el de madurez emocional, de desarrollo intelectual y moral. Mientras sean niños los que contraigan matrimonio este no podrá tener el carácter que Dios le atribuye. Mientras el matrimonio se produzca por impulso, sin la reflexión que paso tan serio supone, el matrimonio no podrá ser como Dios intencionó: Hasta que la muerte los separe.

En segundo lugar la revisión urge por el sufrimiento a que son sometidas algunas personas, innecesariamente, por la enseñanza de que el matrimonio es indisoluble.

Víctimas de matrimonios enfermos, donde lo esencial del matrimonio está ausente, sufren situaciones ultrajantes. Estas personas tienen como única esperanza que la muerte los separe. Pensamiento que a algunos, azotados por la situación, les pasa por la mente. Pensamiento que los horroriza y desarrolla un profundo sentimiento de culpa. ¿Puede esa ser la voluntad de un Dios bueno y justo? En mi opinión NO. ¿Puede una persona que se niega a ser feliz condenar a otra a esta esclavitud? En mi opinión NO.

La indisolubilidad del matrimonio, como la de cualquier otra relación interpersonal, es un ideal. Lo que hace que ese ideal se concrete en realidad es la satisfacción de las obligaciones correspondientes de los contrayentes.

ÁREAS QUE DEBEN SER REVISADAS

Toda relación interpersonal conlleva obligaciones de ambas partes. La Biblia es categórica en lo que se refiere a la bilateralidad de las relaciones interpersonales. Los expertos en salud mental coinciden con este criterio bíblico.

La Biblia regula la relación entre padres e hijos diciendo: «Hijos, obedeced en el Señor a vuestros padres, porque esto es justo. Honra a tu padre y a tu madre, que es el primer mandamiento con promesa; para que te vaya bien, y seas de larga vida sobre la tierra. Y vosotros, padres, no provoquéis a ira a vuestros hijos, sino criadlos en disciplina y amonestación del Señor».[72]

Desde la perspectiva de la Biblia la obediencia que deben los hijos a sus padres no es incondicional. El mandamiento es obedecer a los padres «en el Señor». Reglas injustas, autoritarias, detrimentales a la dignidad de la persona, lesivas a la autoestima de los hijos, caen fuera de la condición «en el Señor» y, por lo tanto, relevan al hijo de la obediencia que debe a su padre. De la misma manera un hijo rebelde, insubordinado, releva al padre de su obligación. Los hijos deben obedecer a los padres y los padres no deben provocar a ira a sus hijos.

No es la obligación cristiana de un padre producir hijos buenos, independiente a la voluntad de ellos. Ni Dios ha podido hacer eso. La responsabilidad de un padre cristiano es darles a sus hijos todas las oportunidades para que sean buenos. Hay un límite en lo que un padre puede hacer por sus hijos. Que los hijos salgan buenos no es responsabilidad unilateral de los padres.

Yo he atendido a padres de hijos con problemas y la pregunta que casi siempre todos se hacen es: ¿En qué fallamos? Nunca se les ocurre preguntar: ¿En qué fallaron nuestros hijos? El aceptar unilateralmente la responsabilidad de la conducta de sus hijos es fuente de culpa neurótica para los padres.

A los cónyuges la Biblia les ordena «... casadas estén sujetas a sus propios maridos, como al Señor ... Maridos, amad a vuestras mujeres, así como Cristo amó a la iglesia, y se entregó a sí mismo por ella».[73]

De estos versículos de Efesios a algunos hombres solo les interesa la parte que obliga a las mujeres, pero no lo que concierne a ellos. Les encanta que la Biblia diga a las casadas que se sujeten a sus maridos. De igual manera hay mujeres que solo insisten en la parte que dice «maridos, amad a vuestras esposas», pero ignoran la parte que las obliga a ellas. Estas son posiciones unilaterales y por lo tanto enfermizas, además de pecaminosas. En la Biblia las relaciones interpersonales siempre son bilaterales. Dios da el ejemplo de relaciones bilaterales en su trato, primero con Israel y después con la iglesia.

La palabra testamento, cuando se usa para referirse a las dos divisiones principales de la Biblia desvía la atención de la idea central. En la tradición judía no se usa la palabra testamento, sino pacto. En la palabra testamento la acción es unilateral, en pacto es bilateral. El pacto de Dios con Israel tenía un sentido legal que obligaba a ambas partes. «Si oyeres atentamente la voz de Jehová tu Dios, e hicieres lo recto delante de sus ojos, y dieres oído a sus mandamientos, y guardares todos sus estatutos, ninguna enfermedad de las que envié a los egipcios te enviaré a ti; porque yo soy Jehová tu sanador».[74]

Aun en el contexto de la esclavitud del siglo primero la Biblia dice: «Siervos, obedeced a vuestros amos terrenales con temor y temblor, con sencillez de vuestro corazón, como a Cristo ... Y vosotros, amos, haced con ellos lo mismo, dejando las amenazas, sabiendo que el Señor de ellos y vuestro está en los cielos, y que para él no hay acepción de personas».[75] Este pasaje presenta una bilateralidad inconcebible en la época, si tenemos en cuenta que el esclavo no era considerado un ser humano.

En la enseñanza bíblica ninguna relación interpersonal es incondicionalmente indisoluble. Toda relación interpersonal sana tiene obligaciones bilaterales. Cuando una de las partes no satisface sus obligaciones releva a la otra de su obligación. Cuando la obligación es unilateral hay patología, inmadurez, por parte del que se somete e inmoralidad, pecaminosidad, por parte del que somete.

En su libro *Solitude*, Anthony Storr escribe: «Los terapeutas modernos, incluido yo, han tomado como su criterio de madurez emocional la capacidad del individuo para establecer relaciones maduras desde el punto de vista de igualdad».

El hecho de presentar en la Biblia las relaciones humanas como bilaterales implica que una parte no tiene control ni responsabilidad de la conducta de la otra. Si una de las partes decide romper la relación, la otra no puede, unilateralmente, hacer que se mantenga. Si una de las partes se niega a cumplir con las obligaciones que le corresponden, la otra no puede hacer indisoluble la relación sin autoagredirse.

El esposo no tiene la obligación unilateral de hacer que su matrimonio sea un éxito. Tampoco la esposa tiene esta obligación. A lo que ambos están obligados es a hacer todo lo que esté de sus partes para que el matrimonio triunfe. Y si ambos se lo proponen triunfarán, pues esa es la voluntad de Dios. La satisfacción de las obligaciones de ambos cónyuges es lo que determina la indisolubilidad del matrimonio.

Que el esposo o la esposa únicamente es responsable de la parte que controla se puede ilustrar con las leyes de tránsito del lugar donde resido. Si yo choco un carro por la parte de atrás, independiente a lo que haya hecho el chofer del carro que va delante de mí con el que he chocado, yo soy el responsable legal. Si el carro que viene detrás de mí me choca, el chofer de ese carro es responsable, aunque yo haya frenado súbitamente. La ley establece la distancia que debe separar a un carro del otro de acuerdo a la velocidad del tránsito. Si la persona que viene detrás de mí mantiene la velocidad y distancia legales siempre tendrá la oportunidad de frenar, independiente de lo que yo haga. El principio es fácil. Yo controlo la distancia que me separa del carro que va delante de mí, pero no controlo la distancia que me separa del carro que viene detrás.

Al casar a una pareja siempre les digo a los contrayentes que para que el matrimonio triunfe la contribución de ambas partes es imprescindible, para que fracase con una de las partes que se lo proponga es suficiente.

La indisolubilidad del matrimonio la determinan los cónyuges, uno de ellos o ambos. Si uno de los cónyuges se propone romper el matrimonio el otro no puede hacer nada para impedirlo.

La Biblia es categórica en cuanto a los valores que deben normar las relaciones interpersonales. No sé por qué algunas personas excluyen el matrimonio de las normas que las Sagradas Escrituras establecen para las relaciones humanas.

Un principio fundamental de las relaciones interpersonales, tanto desde la perspectiva de la ética cristiana como de las normas de salud mental, es que toda relación interpersonal tiene que ser bilateral.

Romanos 12:18 es categórico en establecer el grado de tolerancia en la relación entre dos personas. «Si es posible, en cuanto dependa de vosotros, estad en paz con todos los hombres». «Hasta donde sea tu responsabilidad», dice la traducción de Phillips.

En las relaciones interpersonales un Dios de amor no puede poner toda la responsabilidad en una de las partes.

Un Dios bueno no puede hacer a una de las partes responsable unilateral del triunfo o fracaso de la relación. La Biblia dice «hasta donde llegue tu responsabilidad». Tu obligación es que la relación no rompa por el extremo que tú sostienes. Ilustremos este principio bíblico.

A ———————— MD ———————— B

Ponga una A en un extremo y una B en el otro extremo. Únalas con una cuerda. Esa cuerda es la relación interpersonal.

ÁREAS QUE DEBEN SER REVISADAS

Ahora haga una marca, que llamaremos punto MD en la mitad de la distancia que separa a A de B. Cuando B se mueve en dirección opuesta a A la cuerda se pone tensa. A se mueve en dirección a B y la cuerda pierde la tensión. B vuelve a moverse en la dirección anterior y la cuerda vuelve a ponerse tensa. B y A siguen moviéndose de la misma forma en ciclos que tensionan y aflojan. Cuando A llega al punto MD, la mitad de la distancia que la separa de B, A solo tiene dos opciones. Una es seguir caminando en dirección de B, para que la cuerda no rompa. Pero cuando A cruza el punto MD, A se suicida porque ha dejado de funcionar como A y ha empezado a funcionar como B. Al salir de su perímetro y entrar en el perímetro de B, A deja de ser A. En lógica la ley de identidad se expresa con la fórmula A=A. En el momento en que A es igual a B (A=B) A deja de existir lógicamente. Hay relaciones que se mantienen así, pero ya no es una relación entre A y B, sino de B con B. Hay matrimonios en los que uno de los cónyuges ha sido absorbido por el otro.

La otra opción que A tiene es parar en la mitad que la separa de B y permitir que la soga rompa. El mandamiento bíblico es que A debe vivir en paz con B hasta tanto el precio de esa paz no sea que A deje de ser A. La orden bíblica es clara. «Hasta donde sea vuestra responsabilidad». La cuerda que separa a A de B nunca debe romperse por el lado que A la aguanta. La paz no se conserva al precio del suicidio. Lo importante es que A esté segura de que Dios Todopoderoso sabe que ella hizo todo lo que estaba dentro de sus posibilidades para que la soga no se rompiera. Aquí se produce la soledad de la fe. Lo importante no es la decisión del juez, de la sociedad o de la iglesia, sino lo que el Altísimo sabe.

Todo en la vida tiene un límite de tolerancia. El agua hierve a cien grados centígrados y congela a cero grados centígrados. El tungsteno ha sido definido como «muy duro, muy denso y difícilmente fusible», pero si se somete a una temperatura de tres mil trescientos treinta y siete grados centígrados, la fusión se produce. Nada ni nadie tiene tolerancia ilimitada.

Aun la tolerancia de Dios tiene límite. «Y dijo Jehová: No contenderá mi espíritu con el hombre para siempre».[76] Todo tiene un límite. La paz no se conserva al precio del suicidio.

¿De dónde saca la gente que en el matrimonio la tolerancia es ilimitada? De la Biblia no puede ser. Si la tolerancia de Dios en su trato con los hombres tiene límite, él no puede exigir que la tolerancia en el matrimonio sea ilimitada.

Desde luego, el que quiera aguantar hasta que lo maten, o quiera estar muerto en vida, tiene la libertad de hacerlo, aunque no el derecho desde la perspectiva bíblica. En mi pueblo decían que el que por su gusto muere la muerte le sabe a gloria. Pero, es una cosa muy distinta querer aguantar a tener que aguantar. Es más, desde el punto de vista cristiano, la persona puede tener la libertad de aguantar de esa forma, pero no el derecho. En realidad, si vamos al rigor de la Biblia, cuando una persona soporta más allá de su límite está pecando. La virtud, cuando se exagera, puede derivar en pecaminosidad. Ir más allá del límite de tolerancia personal es una violación del segundo mandamiento del que habla Cristo.

Cuando le preguntaron, «¿cuál es el gran mandamiento en la ley? Jesús les dijo: Amarás al Señor tu Dios con todo tu corazón, y con toda tu alma, y con toda tu mente. Éste es el primero y grande mandamiento. Y el segundo es semejante: Amarás a tu prójimo como a ti mismo. De estos dos mandamientos depende toda la ley y los profetas».[77]

Cuando yo he preguntado: ¿Según el segundo de estos mandamientos quién viene primero, mi prójimo o yo? En más de una ocasión la respuesta ha sido «mi prójimo». Definitivamente esta respuesta no resulta de la educación cristiana, sino de prejuicios religiosos. De un cristianismo equivocado. De una enseñanza en que mis hijos vienen primero. Mis padres vienen primero. Mi esposa viene primero. Mi esposo viene primero. Mis amigos vienen primero. Todo el mundo delante de mí. Yo atrás, bien atrás, si queda espacio.

La enseñanza bíblica dice que Dios viene primero y yo vengo después de Dios, y después de mí las otras personas en determinado orden de jerarquía, «porque si alguno no provee para los suyos, y mayormente para los de su casa, ha negado la fe, y es peor que un incrédulo».[78]

En los Deberes de Cicerón se encuentra un orden similar. «Insiste, por ejemplo, en que es necesario que un alma generosa razone y se discipline: no se trata de hacer bien a cualquiera, de cualquier modo, en cualquier tiempo; hay una jerarquía de personas, de necesidades, de tiempos... Y lo decoroso es respetarla. Es una moral formalista: pero al servicio de determinados valores».[79]

El orden bíblico, como yo lo entiendo, es: Dios, yo, mi familia, la iglesia, el resto de la humanidad.

Si yo debo amar a mi prójimo como a mí mismo, la medida del amor a mi prójimo es el amor que me tengo a mí mismo. Lo que mide es anterior a lo medido por lo tanto yo vengo primero.

Cualquier relación interpersonal en la que tenga que sacrificar el amor que me debo a mí mismo es, desde el punto de vista cristiano pecaminosa y desde la perspectiva de salud mental patológica. Nadie puede exigirme que le ame más que a mí.

Lo que yo no debo es amarme a mí mismo más que a mi prójimo, eso sería narcisismo. Eso sería pecaminoso desde la óptica cristiana y enfermizo desde la psicológica.

¿Hasta cuándo debe esperar la parte agredida? Esa es una pregunta que cada uno tiene que contestar en la soledad de su conciencia ante Dios Todopoderoso. ¿Cómo puede una persona saber que ha llegado al punto de su mayor tolerancia? ¿Existen indicadores que puedan ayudar a una persona a determinar si ha llegado a su grado de mayor tolerancia? Definitivamente sí.

1. La parte agredida llega a un punto en que no puede asimilar la situación.

2. La parte agredida desarrolla problemas de salud debido a la situación.

3. La parte agredida llega a la sobria y responsable conclusión de que la parte agresora no cambiará su patrón de conducta. Se ha llegado al punto de no esperanza.

4. La paz de Dios está presente cuando se decide no soportar más. «Y la paz de Dios gobierne en vuestros corazones».[80] Otra traducción usa la palabra *decida* en lugar de gobierne. Esta es traducida de la palabra que se usaba en los juegos griegos para el árbitro. Este versículo significa que Dios, con su paz, debe ser el árbitro de la decisión. Una traducción del versículo podría ser «deja que Dios con su paz arbitre en tu corazón».

En las decisiones de trascendencia la paz de Dios debe ser el árbitro. Uno no necesita la paz de Dios para decidir entre un helado de vainilla o de chocolate. Pero para la terminación de cualquier relación interpersonal, en particular la del matrimonio, la paz de Dios es el principal indicador de que el rumbo es correcto. Las decisiones que afectan nuestra relación con Dios deben ser hechas por Dios. El cristiano sabe que la decisión es de Dios cuando Dios la certifica con su paz.

La paz de que habla Colosenses no es simplemente quietud del sistema nervioso. Es paz que trasciende el sistema neurológico. La persona puede tener cierto estado de aprensión en un nivel superficial, pero disfruta de un sentido interno de rumbo. Esta es la paz de la que habla Filipenses. «Y la paz de Dios, que sobrepasa todo entendimiento, guardará vuestros corazones y vuestros pensamientos en Cristo Jesús».[81] Paz aquí es certidumbre de rumbo que, no necesariamente, neutraliza el dolor de la decisión. El mundo de la persona ha sido pulverizado. Pero esta paz afirma que la decisión es correcta por dolorosa que sea.

ÁREAS QUE DEBEN SER REVISADAS

Puede darse el caso de la persona que sabe que cristianamente puede tomar la decisión, pero sentimentalmente no. Cada persona debe saber con que decisiones puede vivir.

La única causal de divorcio que según algunos la Biblia permite es la fornicación, basados en las palabras de Cristo: «También fue dicho: Cualquiera que repudie a su mujer, dele carta de divorcio. Pero yo os digo que el que repudia a su mujer, a no ser por causa de fornicación, hace que ella adultere; y el que se casa con la repudiada, comete adulterio».[82]

¿Permite una exégesis sana de este pasaje decir que la única razón para el divorcio es la infidelidad sexual? En el pasaje citado, ¿Tiene fornicación una significación exclusivamente sexual? Mi opinión es NO.

Decir que la única causal de divorcio es la infidelidad sexual es desconocer otros aspectos fundamentales de la relación entre esposo y esposa, además de ignorar el lugar que ocupa el sexo en la secuencia del propósito de Dios cuando crea al hombre y a la mujer.

«Entonces dijo Dios: Hagamos al hombre a nuestra imagen, conforme a nuestra semejanza; y señoree en los peces del mar, en las aves de los cielos, en las bestias, en toda la tierra, y en todo animal que se arrastra sobre la tierra. Y creó Dios al hombre a su imagen, a imagen de Dios lo creó; varón y hembra los creó. Y los bendijo Dios, y les dijo: Fructificad y multiplicaos ... Y dijo Jehová Dios: No es bueno que el hombre esté solo; le haré ayuda idónea para él».[83]

¿Qué viene primero Génesis 1:26-28 o Génesis 2:18? A primera vista la pregunta es tonta porque 1 es anterior a 2. Pero un análisis cuidadoso demuestra que el contenido de estos pasajes tiene un orden inverso. El orden en que se registran los hechos no corresponde a la cronología en que se producen. Génesis 2:18 es anterior a 1:26-28. La primera consideración de Dios al hacer a la mujer no es sexual «multiplicaos», sino afectiva «no es bueno que el hombre este solo».

La actividad sexual en el matrimonio, a pesar de su importancia y de lo legítimo de su placer, es secundaria en la intención de Dios La sociedad moderna está obsesionada con el sexo. Los matrimonios sucumben o se mantienen de acuerdo a su actuación sexual. Esa es una de las razones de que tengamos tantos problemas matrimoniales. El orden original ha sido traicionado.

La actividad sexual debe ser el corolario de una relación donde existe la intimidad afectiva, la mutua afirmación de la persona, el compañerismo, la valorización de la dignidad del individuo. Cuando estas necesidades son satisfechas, la entrega del cuerpo es un resultado espontáneo que produce profunda satisfacción pues hombre y mujer no se sienten usados. No son objetos de placer que satisfacen una falsa necesidad animal. Son personas que se funden en entregas recíprocas. La sexualidad que viene después de «no es bueno que el hombre esté solo» cumple con el propósito divino. En esta relación hombre y mujer, sin perder su individualidad, se funden en uno. Aquí se materializa el ideal divino «serán una sola carne». Yo creería que Dios está obsesionado con el sexo si solo le importara la fidelidad sexual en la relación matrimonial. No cabe duda de que *pornea*, traducida por fornicación en el pasaje de Mateo 5, tiene un sentido técnico de sexualidad. Su primera acepción es sexual. Pero el uso bíblico de fornicación no se limita a la sexualidad.

Cristo es judío y quienes le hacen la pregunta son judíos. El marco de referencia de la pregunta y de la respuesta es judío.

El Antiguo Testamento abunda en pasajes donde fornicación, prostitución y adulterio no se usan en el sentido sexual sino en el sentido de la infidelidad de la nación judía con Dios, o de la condición moral de Israel y de otros pueblos. Las fornicaciones de Israel, como nación, con dioses falsos no pueden entenderse en el sentido sexual. Es imposible que una nación tenga relaciones sexuales con un ídolo.

ÁREAS QUE DEBEN SER REVISADAS

«Me dijo Jehová en días del rey Josías: ¿Has visto lo que ha hecho la rebelde Israel? Ella se va sobre todo monte alto y debajo de todo árbol frondoso, y allí fornica».[84]

«No te alegres, oh Israel, hasta saltar de gozo como los pueblos, pues has fornicado apartándote de tu Dios; amaste salario de ramera en todas las eras de trigo».[85]

La fornicación, como simbolismo de la infidelidad de Israel a Dios, está expresada en toda su crudeza en el capítulo 23 del libro de Ezequiel. Aunque en algunas versiones el lenguaje está suavizado.

Mi comprensión de «a menos que sea por causa de fornicación» es que fornicación se refiere a la infidelidad del voto conyugal inclusivo. La sexualidad está incluida, pero los otros votos no están excluidos. Fue para mí motivo de felicidad descubrir que así es como se traduce en la Nueva Versión Internacional. «Les digo que, excepto en caso de infidelidad conyugal, el que se divorcia de su esposa, y se casa con otra, comete adulterio».[86]

En la ceremonia matrimonial los contrayentes se prometen mutuamente: «Renunciando a todas(o) las(o) demás, prometo guardarme para ti, amarte, cuidarte y respetarte, en salud o enfermedad, ora mejore o empeore tu suerte, hasta que la muerte nos separe». Aquí los novios se están prometiendo algo más que fidelidad sexual. Yo no entiendo por qué, en la causal de divorcio, se aísla la fidelidad sexual de las otras partes del voto matrimonial. Se hace de la fidelidad sexual el centro de lo que los cónyuges se prometen en el altar y las otras promesas son ignoradas.

Contemplemos por un momento los siguientes escenarios. El caso de la esposa que va a su pastor y le dice que su esposo con frecuencia la golpea. A veces hasta el extremo de necesitar atención médica. La señora va al pastor y le muestra las señales de los golpes que el marido le ha dado. La señora también cuenta episodios de crueldad mental. El «santo» varón le pregunta ¿Tiene tu esposo una amante? La señora responde que no. El pastor le dice que como el marido no ha fornicado ella no puede divorciarse, pero la consuela de la siguiente manera: Sigamos orando hermana, a lo mejor en la próxima paliza la matan y usted podrá descansar.

El caso del marido que no retiene un trabajo. Si la esposa no trabaja no hay qué comer o con qué pagar el alquiler. La señora viene a hablar con el pastor. Pastor, le dice, hace varios días que los niños no toman leche. Hoy no hay almuerzo. Estamos atrasados tres meses en el alquiler de la casa y ya nos dieron una notificación de que si no pagamos nos echarán a la calle. ¿Podría la iglesia ayudarme? El pastor le pregunta que qué ha pasado con el empleo del esposo. La esposa contesta que su marido solo trabajó los primeros tres meses del matrimonio, pero ya llevan cinco años de casados. Lo que el marido gana, cuando a veces trabaja, porque no retiene un empleo más de un par de semanas, lo gasta en alcohol, drogas u otras cosas en detrimento de la familia. El pastor hace la «sacra» pregunta: ¿Tiene él una amante? ¿Está teniendo relaciones sexuales con otra mujer? La señora contesta que hasta donde ella sabe él no tiene amantes y en lo que se refiere a relaciones sexuales, ni con ella las tiene. El sabio pastor la consuela diciéndole que cuando la echen a la calle él la ayudará para que consiga lugar en un refugio público y la iglesia ayudará con comida, pero que ni piense en divorcio porque su esposo no ha fornicado y ella es una mujer cristiana.

El caso de la esposa que no respeta a su marido. Desconoce su autoridad. Lo somete a crueldad mental. En una palabra, lo que los psiquiatras y psicólogos llaman castración. El esposo va al pastor de ambos diciendo que ya no puede aguantar más la situación. Su salud se está deteriorando. Tiene problemas con el sueño y sus digestiones, cuando puede comer algo, no son buenas. El pastor hace la sapientísima pregunta: ¿Está la esposa viendo a otro hombre? La respuesta es no, agregando que su esposa tiene una posición radical en contra de la infidelidad conyugal. En opinión de este esposo, su esposa considera el adulterio uno de los peores pecados. Ella jamás cometería adulterio. El consejo del pastor es que debe seguir orando y pidiendo fortaleza al Señor para poder soportar. Si es posible debe agregar algunos ayunos. El pastor le cuenta que él tiene testimonios de hombres en su situación que han orado y ayunado y las esposas han muerto misteriosamente.

En estos casos hipotéticos, pero que ocurren con más frecuencia que lo que algunos imaginan, ¿Cumplen estos pastores con sus funciones pastorales? ¿Puede verse a un Dios de amor en esas indicaciones?

Hay hombres y mujeres que su fidelidad sexual no se debe, necesariamente, a razones morales o religiosas. La castidad de algunas personas obedece a la falta de apetito sexual debido a condiciones de salud o a medicamentos que inhiben el deseo sexual, o a estados de impotencia o frigidez de origen psicológico. Las probabilidades de que estas personas sean sexualmente infieles es cero. Por lo tanto, la única esperanza que se da a estas víctimas es que la muerte es la única que puede terminar el sufrimiento.

Por desgracia, entre algunos que se llaman cristianos, la idea de que el divorcio no es una opción, a menos que haya infidelidad sexual, permite a algunos cónyuges abusar de su pareja. Lo que fue intencionado por Dios para estabilidad y seguridad de la familia es utilizado por la parte abusiva para hacer sentir a la otra parte acorralada en una relación de sufrimiento y humillación que no puede ser disuelta sino con la muerte so pena del juicio de Dios. Yo he comparado este tipo de matrimonio a las luchas de los pieles rojas en las que dos guerreros se amarraban por las muñecas con cuerdas cortas y en la mano libre esgrimían un puñal. No creo que eso fuera lo que Dios tenía en mente cuando instituyó el matrimonio. Por lo menos no el Dios de la Biblia.

En mi labor pastoral, la parte abusada me ha dicho del descanso que representaría su muerte, o de cómo sería la vida si la otra parte muriera. Esto resulta luego en estados de culpa. También se me ha dicho que el apetito sexual es una broma que Dios le ha hecho al ser humano, al verse atrapado por el deseo sexual en un matrimonio disfuncional.

La iglesia tiene que cumplir con su función terapéutica y poner al alcance de los cónyuges en dificultades los recursos para tratar de impedir el divorcio, así como sus recursos redentores en los casos donde se produce el divorcio. La iglesia no puede ignorar la seria demanda pastoral que el problema de la familia le presenta. No puede esconder la cabeza en la arena como el avestruz, ni encerrarse en posturas fosilizadas. Tiene que tener el valor de enfrentarse al problema, aunque en el camino mueran algunas vacas sagradas.

Después de haber tratado por muchos años con problemas del matrimonio, he llegado a tres conclusiones:

1) Todo divorcio puede evitarse. El amor es redentor. El amor cubre multitud de pecados. «Y ante todo, tened entre vosotros ferviente amor; porque el amor cubrirá multitud de pecados».[87] Independiente a la naturaleza del problema, la parte ofendida tiene la obligación cristiana de ofrecer el perdón a la parte ofensora. La obligación cristiana del ofensor es pedir perdón, terminar la conducta ofensiva y aceptar ayuda para su restauración. Estas obligaciones no derivan del miedo al infierno o a consecuencias legales, sociales, o económicas. Estas son obligaciones de amor. El elemento coercitivo nunca está presente en una relación de amor. El amor no usa amenazas.

Aun un acto de infidelidad sexual, que es lo que equivocadamente algunos consideran como la falta más grave, no debe romper un matrimonio bien fundado. El amor es redentor. El amor cubre multitud de pecados.

Estoy consciente de lo devastador que la infidelidad sexual puede ser. Pero, en mi comprensión de la fe cristiana, cuando la parte ofendida establece incontrovertiblemente la falta de su cónyuge su posición debe ser la de ofrecer perdón. Una ofensa sexual no autoriza, según mi comprensión de la Biblia, a salir corriendo para los tribunales y establecer una demanda de divorcio. El primer paso es el del perdón.

La magnitud del efecto que tiene la infidelidad sexual en el ser humano se debe al hecho de que este tipo de infidelidad afecta la esencia misma tanto de la mujer como del hombre.

Un divorcio debido a que la mujer no sabe cocinar no tiene tanto efecto porque mujer y cocinera no son equivalentes lógicos. La mayoría de los grandes chefs es masculina. El divorcio que se debe a que el hombre es vago no tiene mucha trascendencia. Entre hombre y trabajo no hay relación lógica.

Cuando el divorcio se debe a la intervención de una tercera persona la situación es más grave porque se toca la esencia de hombre-mujer. La mujer ha sido cambiada por otra mujer, el hombre ha sido cambiado por otro hombre. Se lucha con el interrogante ¿Qué tiene que yo no tengo? Es una agresión frontal a la autoestima.

En mi comprensión de la Biblia, a pesar de que creo entender la profundidad del dolor cuando la falla es sexual, la parte ofendida no está autorizada al divorcio inmediato. El cónyuge que establece, sin lugar a dudas, con pruebas irrefutables, la infidelidad sexual de su pareja no está autorizado por la Biblia a correr al abogado e iniciar el proceso de divorcio. La parte ofendida debe acercarse a su cónyuge y decirle con toda franqueza la herida que ha producido en su corazón. Que tomará algún tiempo para que la herida cicatrice. Que quizá, por algún tiempo, no podrá haber el romance que existía antes de la infidelidad, que a lo mejor necesitarán ayuda profesional para que las heridas cicatricen. Pero con la misma intensidad deberá hablarle de su amor. Yo soy de la opinión que el matrimonio que no resiste un acto de infidelidad sexual no está bien fundado. El amor es redentor. El amor cubre multitud de pecados. Esto no significa que ese acto debe producirse. El mismo amor que puede asimilar la infidelidad debe poder evitarla.

Pero, si se produce la infidelidad, el amor debe redimirla. Juan ofrece un paralelo para esta posición: «Hijitos míos, estas cosas os escribo para que no pequéis; y si alguno hubiere pecado, abogado tenemos para con el Padre, a Jesucristo el justo».[88]

El amor redime. La sana piedad cristiana obliga a la parte ofendida a ofrecer el perdón a la parte que ha ofendido. Ahora, si esta quiere insistir en su conducta de pecado, la parte ofendida no está obligada a esperar indefinidamente. Es en este punto que creo que la parte ofendida tiene el derecho bíblico del divorcio.

Hay casos en los que, debido al egoísmo de la parte que ha ofendido o de la parte que no quiere perdonar, no queda otro remedio que la disolución, a menos que la parte que quiere empezar de nuevo quiera someterse a la esclavitud de una vida de ultraje y humillación; que en mi opinión no puede ser la voluntad de Dios.

En mi comprensión de la fe cristiana, antes de la disolución tiene que venir la opción del perdón y de la reconciliación. Pero, si la parte ofensiva insiste en su conducta, la otra parte no está obligada a ser víctima por el resto de su vida. De la misma manera el ofensor arrepentido no está obligado a ser castigado por su error el resto de la vida. Esa no es la forma en que Dios trata al penitente. «Yo, yo soy el que borro tus rebeliones por amor de mí mismo, y no me acordaré de tus pecados».[89]

El perdón no debe ser ofrecido ignorando la gravedad de la ofensa. En el rigor del concepto perdón está implicada la ofensa. En realidad, en ausencia de ofensa no hay perdón. Conceptualmente, si no ha habido ofensa, no puede haber perdón. Para que haya perdón tiene que haber ofensa.

La persona debe hablar de la profundidad de su dolor, esto es terapéutico, pero también del poder redentor de su amor, lo cual también es terapéutico para ambas partes.

Si el ofensor no aprovecha la oportunidad de perdón, la parte ofendida es relevada de su obligación de mantener la relación. Si la parte ofendida no acepta el arrepentimiento del cónyuge infiel, este o esta quedan libres. Ninguna de las partes puede ser esclavizada por la otra.

2) Aunque todo divorcio puede evitarse hay matrimonios que no dejan otra alternativa que el divorcio. Después de años de trabajo con problemas de familia he tenido que llegar, por desdicha, a la conclusión de que la única salida que tienen algunos matrimonios es el divorcio. Aunque no estoy de acuerdo con el divorcio, no me queda otra alternativa que aceptar esta realidad. Esto es así no porque una maligna fuerza metafísica así lo determine, sino porque ambas partes o una de ellas no quiere, o no quieren arreglarse. El alarmante índice de divorcio se debe a que ambos cónyuges o uno de ellos no toman sus obligaciones en serio, o porque existe egoísmo.

He llegado a la conclusión de que hay matrimonios que no tienen otra opción que el divorcio, a pesar de reconocer que el divorcio de los padres es una de las peores cosas que puede pasarle a los hijos, si el divorcio se produce en la etapa de formación de estos. Pero entre dos males se escoge el mal menor.

El hombre aprende a ser padre con su padre y esposo con el esposo de su madre. De la misma manera la mujer aprende a ser madre con su madre y esposa con la esposa de su padre. No hay tal cosa como instinto materno o paterno. Estos son patrones de conducta aprendidos. La transferencia generacional es uno de los conceptos psicológicos para los que hay más evidencias.

Un esposo dañado produce esposos dañados. Un padre dañado produce padres dañados. Una esposa dañada produce esposas dañadas. Una madre dañada produce madres dañadas. Estadísticamente hijo de borracho será borracho, hijo de mal proveedor será mal proveedor, hijo de padre que pega a su esposa le pegara a su esposa, hijo de divorciado se divorciará y así sucesivamente. Para un mal modelo es mejor no tener modelo.

El consuelo que ofrecen las estadísticas es que hay hijos que deciden no seguir las huellas de sus padres. Pero estos constituyen la excepción. La norma es la repetición de los patrones de conducta de los padres. La conducta es aprendida, y aunque todo lo aprendido puede ser desaprendido, el proceso de desaprender es difícil para la mayoría y son muchos los que no se lo proponen.

Lo ideal es que los dos modelos, padre y madre estén presentes en la formación de los hijos. Pero, un modelo dañado es peor que la ausencia del modelo. Una madre o un padre buenos pueden hacer mejor trabajo solos, que acompañados por un cónyuge malo.

Un psiquiatra me dijo hace unos cuantos años, cuando discutíamos el problema de las madres que trabajan fuera de la casa, que para una mala madre en la casa era mejor tenerla afuera. Eso, desde luego, se aplica al padre también.

Cuando a una mujer, como diría una amiga mía, le tocó bailar con el feo, ¿tiene esta mujer que resignarse a sufrir hasta que la muerte la separe de él? Cuando a un hombre le tocó bailar con la fea, ¿tiene ese hombre que resignarse a sufrir hasta que la muerte lo separe de ella? ¿Es acaso el error de haber elegido mal al cónyuge equivalente al pecado imperdonable? ¿Está regido el matrimonio por la ley de los medos y persas, o por la ley de un Dios de amor? ¿Enseña la Biblia que el hombre o la mujer tienen que soportar las vejaciones, el maltrato, y la irresponsabilidad de su cónyuge, sin otra salida que la muerte? Mi comprensión de la Biblia me lleva a un categórico NO.

Naturalmente, no me estoy refiriendo a los casos donde el divorcio se produce porque se encontró a una persona más joven, con más atractivo, más educación, o con la que se tiene más afinidad. Estas no son causales de divorcio desde la perspectiva cristiana. En estos casos hay que seguir bailando con el feo, o de separarse quedar solo, o sola.

3) Todo divorcio es un acto de egoísmo de una de las partes o de ambas partes. «¿Por qué, pues, mandó Moisés dar carta de

divorcio, y repudiarla? Él les dijo: Por la dureza [egoísmo] de vuestro corazón Moisés os permitió repudiar a vuestras mujeres; mas al principio no fue así».[90]

Cuando yo acepto la realidad de que hay matrimonios que no tienen otra opción que el divorcio no estoy aceptando el fatalismo o el determinismo de algunos filósofos, sino la naturaleza humana caída. La persona en cuya vida no reina Dios es egoísta.

El egoísmo siempre establece relaciones unilaterales. El énfasis está en las obligaciones del otro. El egoísta es una persona inmadura, infantil. El bebé que despierta con hambre a las tres de la mañana no piensa que la mamá está dormida, solo en que él tiene hambre.

Hay mujeres que contraen matrimonio con hombres a quienes tienen que acabar de criar. De la misma manera hay hombres que casan con mujeres que son emocionalmente niñas.

Cuando un adulto contrae matrimonio con una niña, o una adulta con un niño, el divorcio es de esperarse y el que no quiere divorciarse tiene que resignarse a una vida de indescriptible sufrimiento y frustración. La crianza de una esposa o esposo es más difícil que la de los hijos, que en este tiempo ya es bastante difícil.

Lo que hace más difícil la situación de cónyuges inmaduros es que al niño o niña se puede disciplinar porque tiene estatus de niña o niño. Pero el hombre o mujer casados, aunque emocionalmente son niños, tienen la condición civil de esposos y hay que darles el trato de adultos aunque solo lo sean cronológicamente.

La próxima pregunta a tratar es: ¿puede una persona divorciada volver a contraer matrimonio?

Según mi comprensión de la Biblia hay dos tipos de divorcio. Uno permite la repetición del matrimonio, el otro no.

Lo que había detrás de la pregunta que le hicieron a Cristo acerca del divorcio no era tanto el divorcio como el derecho a contraer matrimonio de nuevo.

Si había razón para el divorcio había derecho para otro matrimonio. Lo que permitía el derecho a contraer matrimonio de nuevo no era el divorcio sino la legitimidad de este. Lo que Cristo estaba autorizando al dar su causal de divorcio era la libertad de la parte inocente para volver a contraer matrimonio.

Una persona cuyo divorcio resulta de la infidelidad conyugal de su cónyuge, puede volver a casarse. Una persona de la que se divorcian, sin que el cónyuge que lleva a cabo el divorcio tenga razón para ello, tiene de derecho a otro matrimonio. Nadie tiene derecho a encadenar a otro a la vida de soltero.

El divorcio que no permite nuevas nupcias es aquel que se produce sin las razones que estipula la Biblia. Hay personas que no quieren seguir viviendo juntas, pero que no tienen base para el divorcio. Estas pueden separarse, pero no pueden volver a casarse, a menos que sea entre ellos mismos. «Pero a los que están unidos en matrimonio, mando, no yo, sino el Señor: Que la mujer no se separe del marido; y si se separa, quédese sin casar, o reconcíliese con su marido; y que el marido no abandone a su mujer».[91]

Capítulo Nueve

OBSTÁCULOS PARA LLEVAR A CABO LA REVISIÓN DE ESTAS ÁREAS

P ara llevar a cabo la revisión que propongo, dos formidables obstáculos tienen que ser vencidos: los intereses creados y la soberbia de los que se han apropiado de la heredad del Señor.

Es de lamentar que la iglesia como institución se haya convertido en una estructura de poder político. Cada uno ha creado su propio feudo que defiende a capa y espada. Los intereses personales, no los del reino, son los importantes.

Hay líderes de congregaciones y denominaciones que han descubierto que posiciones que han sostenido por mucho tiempo están equivocadas. Pero no son capaces de pararse delante de su gente y confesar sus equivocaciones. La arrogancia no les permite lo que un corazón sencillo haría. La soberbia los lleva a un complejo de infalibilidad. Detrás de la soberbia siempre hay un carácter inseguro. La persona emocionalmente sana no tiene dificultades para reconocer que se ha equivocado. Reconocer la equivocación es crecer.

Lo que esta gente no sabe es que el que reconoce su error, en lugar de bajar, sube en la estimación de las personas ante quienes reconoce su error, con muy pocas excepciones.

Capítulo Diez

Única esperanza

«Si se humillare mi pueblo, sobre el cual mi nombre es invocado, y oraren, y buscaren mi rostro, y se convirtieren de sus malos caminos; entonces yo oiré desde los cielos, y perdonaré sus pecados, y sanaré su tierra».[1]

En mi opinión la esperanza de la iglesia no está en su capacidad económica, en congregaciones de miles de miembros, en la aplicación de la electrónica, en los cambios de su himnología, o en acomodarse a la psicología popular de las masas. La esperanza está en la articulación del pasaje que encabeza esta sección:

1. Autentico acto de contrición ante Dios Todopoderoso.
2. Búsqueda sincera de su rostro.
3. Verdadera conversión.

Conclusión

- Devolvamos a la iglesia su universalidad.
- Devolvamos la iglesia a su legítimo dueño.
- Reconozcamos que solo somos siervos, desde el punto de vista del siglo I.
- Reconozcamos que sin él, nada podemos hacer.
- Y, por último, confesemos con el profeta que: «No con ejército, ni con fuerza, sino con mi Espíritu, ha dicho Jehová de los ejércitos».[1]

Notas

Introducción
1. En Dios confiamos

Capítulo Uno
1. La ciencia no es soberbia. Donde hay jactancia intelectual no hay ciencia. «Ningún buen científico puede ser ateo, en ciencia debemos cuestionarlo todo, aun nuestras propias interrogantes». Pellegrino Charles, *Return to Sodom and Gomorrah*, p. 6.
2. Toda verdad científica es divina, pero toda verdad divina no es necesariamente científica. Una verdad científica es el descubrimiento del orden de lo creado por Dios, por lo tanto, es también una verdad divina. Ahora toda verdad divina no es científica. Para que una verdad sea científica tiene que ser publicada, y hay verdades de Dios que él no ha publicado.
3. Aunque quisieran no podrían. Cuando se prueba a Dios, este deja de ser. «La ciencia solo ha desterrado ciertos puntos de vista acerca de Dios, o mejor dicho, ha declarado que cualquier concepto de Dios es insostenible, pero le ha devuelto su calidad esencial que es existir más allá de toda posibilidad de concepción. Desde ese punto de vista, la ciencia moderna ha hecho un gran servicio al concepto de teísmo: Lo ha hecho no objetivo. Si Dios existe, él solo puede estar donde el conocimiento humano no lo puede alcanzar». Staguhn Gerhard, *God's Laughter*, p. 5.
4. El autor ha defendido la fe cristiana en diferentes universidades (católica, protestante, privada y oficial), frente a estudiantes y catedráticos. Hasta el momento nadie ha podido ridiculizar su presentación de la fe. La audiencia podrá rechazar la fe, pero nunca probar que es irracional.
5. Véase Colosenses 4:16
6. 1 Corintios 14:18
7. 1 Corintios 14:37

Capítulo Dos
1. Judas 3
2. 1 Pedro 3:18
3. Hebreos 10:2
4. Isaías 8:20
5. Aspecto este grave para la teología empresarial, o para la de la prosperidad.
6. 2 Timoteo 4:3,4; 1 Timoteo 6:5 RVA
7. 2 Timoteo 3:16

Capítulo Tres
1. Flavio Josefo (¿93? d.C.), Antigüedades Judías XVIII, 3:3, Obras Completas, Acervo Cultural, Ediciones Valores en el Tiempo.
2. Plinio el Joven (ca 110 d.C.), Carta al emperador Trajano, Documentos de la Iglesia Primitiva, Ediciones Desclée De Brouwer.
3. Tácito (ca 115 d.C.), Anales XV, Obras Maestras, Editorial Iberia.
4. Suetonio (ca 125 d.C.), *Los Doce Césares*, Obras Maestras, Editorial Iberia.
5. Suetonio, *Los Doce Césares*, nota 118, Obras Maestras, Editorial Iberia, p. 208.
6. Deuteronomio 6:4
7. Juan 8:24
8. Christianity Today, octubre 6,1997, p. 87.
9. Entiéndase aquí divorciadas de lo sobrenatural.
10. Entiéndase aquí no inteligibles al contexto, sino sometidas al servicio de los intereses políticos o económicos del contexto.

Capítulo Cinco
1. Juan 16:13
2. Conservo la correspondencia que generaron estas comunicaciones.
3. Los católicos no son los únicos que usan el poder de imprimátur.
4. Salmo 37:25 RVA
5. Mateo 6:11
6. Salmo 25:3
7. Así dice un cántico popular en algunas congregaciones.
8. Barro Antonio Carlos, Presidente Seminario Teológico Sur Americano, Londrina, Brasil.
9. Véase 1 Reyes 22:6-16
10. Véase Gálatas 3:14
11. Okoye Felix N., *The American Image Of Africa: Myth And Reality*.
12. Joshel Sandra R., Work, Identity, and Legal Status at Rome.
13. Barrow R. H., *Slavery in The Roman Empire*, p. 152.
14. Véase Lucas 17:33
15. Ranke Heineman Uta, *Eunuchs For The Kingdom Of Heaven*, pp. 178,179.
16. Amor en su sentido global, inclusivo de todas sus dimensiones, afectivo, compañerismo, erótico.
17. Ranke Heineman Uta, *Eunuchs For The Kingdom Of God*, p. 126.
18. Iglesia entre comillas porque en la práctica, para esta gente la iglesia no es más que un Country Club.
19. En Dios confiamos.
20. Bajo la rectoría de Dios.
21. Hechos 14:11-15
22. Cuando soliciten la oración deben mandar dinero. El dinero es un poderoso respaldo de la oración.
23. Oh, esa podría ser otra posibilidad.
24. 1 Juan 5:14
25. Mateo 26:39
26. Experiencia que todavía creo y disfruto.
27. «El camino correcto». Camino que no he abandonado, gracias a Dios, después de casi cincuenta años.

NOTAS

28. Con el perdón del buen teatro.
29. 1 Corintios 13:11
30. Hebreos 5:12-14
31. 1 Corintios 3:1,2
32. En algunos países se le llama paltó, jacket, gabán, chaqueta.
33. Véase Hechos 9:4, Mateo 17:6, Juan 18:6, Apocalipsis 1:17.
34. Véase Marcos 8:23, Juan 9:6
35. Véase Génesis 18:12
36. 1 Corintios 14:29
37. Véase Colosenses 3:10
38. Tengo una revista con los nombres, fotografías y especializaciones de cada persona.
39. Parece que estos especialistas están de vacaciones, porque las naciones están cada día en peores condiciones.
40. «Para Pablo el creyente cristiano está ya en comunión con Dios, ninguna esfera de espíritus gobernantes puede obstruir su camino; su vida está escondida con Cristo en Dios». The Interpreter's Bible, exégesis de Colosenses 2:10.
41. Mateo 28:18
42. Lucas 10:18-20
43. Salmo 91, The Amplified Bible, Zondervan.
44. Efesios 6:10-20
45. Mateo 28:18
46. Véase Santiago 1:6-8
47. Lucas 9:51
48. Isaías 50:7
49. 1 Pedro 5:8,9
50. Santiago 4:7
51. Hechos 19:13-16
52. Véase 2 Corintios 6:14,15
53. Interpreter's Bible
54. Salmo 73:24 RVA
55. Véase 1 Juan 5:4
56. Juan 10:27-29
57. Lucas 4:4-8
58. 1 Tesalonicenses 5:17
59. Hechos 17:28
60. Salmo 34:7
61. 3 Juan 1-3
62. Génesis 13:2
63. Mateo 8:20
64. The Interpreter's Bible, Abingdon Press, 10:430.
65. Essential Papers On Mesianic Movements And Personalities in Jewish History, New York University Press, editado por Marc Saperstein, p.3
66. Colosenses 2:16,17; Véase también Hebreos 10:1.
67. Lucas 13:34,36
68. Mateo 3:8-10 RV95
69. Véase Romanos 14:5,6
70. Gálatas 3:1-3; 5:1,4,7,8,10,12,13 RV95
71. Gálatas 5:8

72. Gálatas 5:10 RV95
73. The Expositor's Greek New Testament, editado por W Robertson Nicoll III:166.
74. Juan 16:13
75. Efesios 4:14

Capítulo Seis
1. Si está casado con una mujer sabia, naturalmente.
2. Berkhof Hendrikus, *Christian Faith: An Introduction to the study of the faith.*
3. Esta es una manera mía de expresar el trato que se daba a los haitianos.
4. 2 Samuel 6:14-16
5. Himno de Batalla de la República.

Capítulo Siete
1. Hay cosas en la Biblia que son antibíblicas. Un ejemplo es la conversación del diablo con Eva.
2. Génesis 3:1-5
3. Eclesiastés 3:19-22
4. 1 Corintios 7:10-12
5. 1 Timoteo 2:12
6. Génesis 3:4,5
7. 1 Pedro 4:11
8. Isaías 8:19,20
9. Mateo 17:21
10. Designación que para mí implica subestimación. Yo nunca he oído en Estados Unidos llamarle nacional a un pastor americano.
11. Para mí la diferencia que este hombre hizo de pastor y pueblo es expresión de soberbia eclesiástica.
12. 1 Pedro 5:3

Capítulo Ocho
1. Safire William, *The First Dissident, The Book of Job in Today's Politics*, p. xiv.
2. 1 Timoteo 2:1,2
3. 1 Corintios 14:29
4. Véase Romanos 6:21
5. Hechos 13:2
6. Barth Karl, *La Proclamación del Evangelio.*
7. Amós 7:14
8. Véase Hechos 7:22
9. Mateo 11:29
10. Proverbios 16:18
11. Véase 1 Corintios 9:20
12. Bonhoeffer Dietrich, *The Cost of Discipleship.*
13. Véase 1 Corintios 4:1,2
14. 1 Corintios 3:5-9
15. Yo no sé la diferencia teológica entre evangelista y evangelista internacional, pero parece que el adjetivo le agrega algo.
16. 1 Corintios 4:2
17. Romanos 12:3-8

Notas

18. Los que tengan dificultades teológicas con el uso que yo le daba al baptisterio les recomiendo que lean 1 Samuel 21:1-6 y Marcos 2:25-26.
19. Al automóvil en Cuba le decían máquina.
20. 1 Corintios 2:14
21. Véase Lucas 12:34
22. Mateo 11:28
23. Colosenses 3:3
24. Gálatas 2:20
25. Romanos 9:20,21
26. Romanos 12:1,2
27. Véase explicación de esclavo en pp. 44,45.
28. Romanos 11:33-36
29. Isaías 40:12-14
30. Jeremías 18:1-6
31. Juan 21:20-22
32. Véase colosenses 3:15
33. Romanos 3:23
34. Véase Isaías 59:2
35. Ezequiel 18:4
36. La señora era lesbiana.
37. Aparentemente si la ceremonia se celebraba en la casa no sería ante Dios, quien, por deducción sí estaría presente en el templo.
38. Mi negación, en este caso, no se debía a razones religiosas sino higiénicas, pero no le di esta explicación porque yo no tengo que explicar por qué hago o no las cosas.
39. Chispito significa poquito para los puertorriqueños.
40. La variedad es la sazón de la vida.
41. Véase Génesis 16:1-4
42. 1 Timoteo 3:2
43. Colosenses 2:20-23
44. Juan 13:15
45. Juan 1:14
46. Véase 1 Pedro 2:21
47. La moneda americana dice «In God We Trust» [En Dios confiamos].
48. Hechos 5:29 RVA
49. Véase Romanos 1:18
50. Orígenes, Tratado de la Oración.
51. Marcos 10:29,30
52. Génesis 2:7
53. Véase Santiago 2:10,11
54. Mateo 16:26; 18:8,9
55. 2 Corintios 5:17
56. Journal of the American Family Association, agosto 1990.
57. Véase Romanos 12:1
58. Moody no fue ordenado ni recibió educación teológica formal.
59. Véase Santiago 2:15,16
60. Véase 2 Tesalonicenses 3:10,11
61. «Todo el que viniere a vosotros en el nombre del Señor, sea acogido. Luego de haberlo probado, lo conoceréis; pues tenéis criterio para juzgar entre la diestra y la

siniestra. Si el advenedizo viene solo de paso, socorredle todo lo posible. Él, por su parte, no quedará entre vosotros más que dos, o según su necesidad, tres días. Mas si quisiere radicarse entre vosotros, como artesano, que trabaje y coma. Si no sabe oficio alguno, proveeréis según vuestra inteligencia, para que no viva entre vosotros ningún cristiano holgazán. Si a eso no quiere conformarse, es un traficante de Cristo». Didajé o Doctrina de los Apóstoles XII,1-5.

62. Filemón 15-17
63. Colosenses 3:11
64. En América Central se ha dado el caso de ambos tipos de gobernantes considerados cristianos.
65. Mateo 10:16
66. Véase Lucas 14:28-32
67. A lo mejor no se contaminó al llegar, sino que era corrupto y solo faltaba la oportunidad para manifestarlo.
68. Mateo 7:16
69. Santiago 2:26 RVA
70. Efesios 4:17-28
71. Efesios 3:17-19. Los paréntesis son míos.
72. Efesios 6:1-4
73. Efesios 5:22,25
74. Éxodo 15:26
75. Efesios 6:5,9
76. Génesis 6:3
77. Mateo 22:36-40
78. 1 Timoteo 5:8
79. Los Deberes, Cicerón, traducción del profesor Francisco Samaranch, p. XXVI.
80. Colosenses 3:15
81. Filipenses 4:7
82. Mateo 5:31,32
83. Génesis 1:26-28; 2:18
84. Jeremías 3:6
85. Oseas 9:1
86. Mateo 19:9 Nueva Versión Internacional
87. 1 Pedro 4:8
88. 1 Juan 2:1
89. Isaías 43:25
90. Mateo 19:7,8. Los paréntesis son míos.
91. 1 Corintios 7:10,11

Capítulo Diez
1. 2 Crónicas 7:14

Conclusión
1. Zacarías 4:6

Nos agradaría recibir noticias suyas.
Por favor, envíe sus comentarios sobre este libro
a la dirección que aparece a continuación.
Muchas gracias.

Vida@zondervan.com
www.editorialvida.com